KB154458

포스트휴머니즘의 세 흐름
캐서린 헤일스, 캐리 울프, 그레이엄 하먼

포스트휴머니즘의 세 흐름 : 캐서린 헤일스, 캐리 울프, 그레이엄 하먼
Three Flows of Posthumanism : N. Katherine Hayles, Cary Wolfe, Graham Harman

지은이	이동신
펴낸이	조정환
책임운영	신은주
편집	김정연
디자인	조문영
홍보	김하은
프리뷰	김지원·박소영·신빛나리
초판 1쇄	2022년 12월 22일
초판 2쇄	2023년 11월 11일
종이	타라유통
인쇄	예원프린팅
라미네이팅	금성산업
제본	바다제책
ISBN	978-89-6195-311-5 93100
도서분류	1. 철학 2. 포스트휴머니즘 3. 객체지향철학 4. 인간과 동물 5. 인간과 비인간 6. 문화이론 7. 과학기술과 철학
값	20,000원
펴낸곳	도서출판 갈무리
등록일	1994. 3. 3.
등록번호	제17-0161호
주소	서울 마포구 동교로18길 9-13 2층
전화	02-325-1485
팩스	070-4275-0674
웹사이트	www.galmuri.co.kr
이메일	galmuri94@gmail.com

이 책의 출판은 2015년 서울대학교 인문대학 인문학 총서 출간 지원사업의 지원을 받았음.

일러두기

1. 인명은 본문에서 처음 나올 때만 원어를 병기하였다.
2. 외래어로 굳어진 외국어는 표준 표기대로 하고, 기타 고유명사나 음역하는 외국어는 발음에 가장 가깝게 표기하였다.
3. 이미 한글로 번역된 경우 외국어 책이나 논문의 제목은 되도록 기존 번역을 따랐고, 번역이 되지 않는 경우에는 번역하거나 음역하여 표기하였다.
4. 한글로 된 단행본, 전집, 정기간행물, 보고서에는 겹낫표(『』)를, 논문, 논설, 기고문 등에는 홑낫표(「」)를 사용하였다. 외국어의 경우에는 각각 이탤릭체와 작은따옴표로 표기하였다.
5. 영화나 텔레비전 프로그램 제목에는 가랑이표(< >)를 사용하였다.
6. 영어 원문의 인용은 모두 저자의 번역이며, 국내에 번역본이 있는 경우에는 한국어 독자를 위해 참고문헌에 한국어판 서지사항을 참고로 넣었다.

차례

1장 들어가며 :
사람과 사물, 그 너머를 향해

"사람과 사물," 그냥 보면 참 "오만"한 말이다. 적어도 『자연의 권리』의 저자인 데이비드 보이드David Boyd는 그렇게 말할 것이다. 그의 말을 옮기자면, "인간의 오만은 숨 막히도록 놀랍다. 우리는 지구상의 다양한 생물을 두 부류로 나누었다 ― 사람과 사물. 우리와 그들. 우리는 이 행성의 땅, 물, 야생 동식물, 생태계에 대한 권리를 가진 유일한 종이다. 우리는… 모든 자연의 경이를 그저 자연자원으로, 따라서 인간이 소유한 재산으로 여긴다. 우리가 이 행성을 수백만의 다른 종과 공유하고 있다는 언술은, 생태학적으로는 이론의 여지가 없지만 법적으로는 그르다."[1] 보이드는 사람과 사물의 구분으로 불법적인 재산권 행사가 가능해졌다고 본다. 동식물을 포함한 사물이 부정한 방식으로 권리를 박탈당하고 침탈당한다는 말이다. 자연스럽게 그의 논지는 책 제목처럼 자연의 권리를 옹호하는 방향으로 흐른다. 최근 몇십 년간 세계 전역에서 "자연의 권리"를 인정하자는 움직임이 강해졌다는 사실이 "수백 년간 사회를 지배해온 기본 가치와 법제가 역사상 가장 급진적인 변혁의 초기 단계에 이른 것"임을 입증한다고 그는 밝힌다.[2] 그렇다

---

1. 데이비드 보이드, 『자연의 권리』, 이지원 옮김, 교유서가, 2017, 29쪽.
2. 같은 책, 270쪽.

면 사람과 사물의 구분은 이제 어떻게 될까? 책 마무리의 "자연의 권리에 대한 존중은 인간에게 해가 되지 않을 것이다."라는 그의 말에서 답을 유추할 수 있다.[3] 한마디로 구분은 여전할 것이다. 사물을 더 존중함으로써 인간과 사물의 관계를 유기적으로 보게 되면 덜 "오만"해질지 모르지만 그래도 사람은 여전히 사물과 대칭적으로 마주 보고 있다.

물론 사람과 사물의 이분법에서 벗어나지 못한다고 보이드를 비판하려는 것은 아니다. 현시대를 인류세라고 명명하는 많은 학자들은 인류의 활동이 지질학적 변화를 가져올 정도로 광범위하고 파괴적임을 강조한다. 그러한 변화가 초래한 21세기의 위급한 상황, 예를 들어 기후변화 같은 위기를 생각하면 즉각적이고 효율적인 대응이 필요한 것은 분명하다. 인간사회에서 그러한 대응을 이끌어내기 위해 "자연의 권리"를 법제화하는 것만큼 적절한 방식이 또 있을까? 문화적이고 윤리적인 방식도 수반되어야 하겠지만, 상황의 절박함을 감안한다면 너무 느리다는 생각이 들 수밖에 없다. 더구나 인간이 인간인 이상 과연 그러한 이분법에서 벗어날 수 있을지도 의문이다. 사실 보이드의 책을 언급

---

3. 같은 책, 283쪽.

한 이유는 비판보다는 성찰을 위해서다. 바로 포스트휴머니즘posthumanism에 대한 성찰이다.

포스트휴머니즘이라는 이름 자체에도 이분법의 기운이 농후하다. 입장에 따라 누구는 휴머니즘 이후를 지칭하고, 누구는 포스트휴먼이라는 새로운 종의 등장을 알리고, 또 누구는 휴머니즘이 본래 휴머니즘이 아니었다는 의미로 쓴다. 하지만 결국 인간을 가리키는 휴머니즘이 절반을 차지하는 이름임은 틀림없다. 문제는 이름만이 아니다. 인간 중심주의를 비판하거나 근절하겠다는 의도와 비인간 존재의 위상을 높이겠다는 의도를 하나로 엮어 뿌리 깊은 이분법적 세계관을 해체하려 하지만, 많은 경우 인간에 대한 그리고 인간이 경험하는 것에 대한 이야기를 전하는 데 급급하기 때문이다. 자연을 위한 논의와 노력이 실패하는 가장 큰 이유가 바로 **자연**이라는 티머시 모턴Timothy Morton의 지적이 떠오를 수밖에 없다. 모턴은 "자연이라는 아이디어"가 자연과 인간이라는 이분법적 구조에서 나왔기에 "제대로 된 생태적 문화, 철학, 정치, 예술 형식을 방해한다."고 지적하면서, 그런 아이디어에서 벗어난 "어두운 생태학"dark ecology을 제안한다.[4] 그렇다면 포스트휴머니즘이 바라는 바를 이루려면 '휴머니즘'이 사라진 어두운 선택을 해야 하는 걸까? 사람과 사물이라는 이분법에서 벗어나려면 사람이 없어져야만 하는 걸까?

사람에게 사람이 없어질 것인지 묻는 것 자체가 이상하게 들릴 수도 있다. 더구나 사람이 없는 상황을 생각하고 논의하는 일이 가능할지도 의문이다. 하지만 퀭탱 메이야수Quentin Meillassoux는 『유한성 이후』에서 그런 가능성을 타진한다. 메이야수는 근대 이후 철학적 사고를 지배한 칸트의 상관주의correlationism, 즉 "세계는 이성의 구조를 통과할 때에만 경험 가능한 현상"이 되기에 "인간이 경험할 수 있는 조건을 넘어 실재 자체에 직접 도달하려는 모든 시도는 경험의 한계를 망각한 이성의 월권일 뿐이다."라는 태도에 반기를 든다.[5] 그는 "인류의 등장 이전의 실재를 시조적ancestral"이라 부르며, 그 시조적 실재를 상관주의가 어떻게 해석할 수 있는지를 묻는다.[6] 메이야수의 답은 "인류가 부재한 세계는 수학적 담론이 묘사"할 수 있다는 것이다.[7] 수학은 수학을 하는 인간이라는 존재를 필요로 하기에 과연

4. Timothy Morton, *Ecology without Nature* (Cambridge, Harvard University Press, 2007), pp. 1, 196.
5. 이동신, 「티머시 모턴」, 『21세기 사상의 최전선』, 이성과감성, 2020.
6. Quentin Meillassoux, *After Finitude* (London, Bloomsbury, 2009), p. 10.
7. 같은 책, p. 26.

적절한 해결책인지 의문이지만, 적어도 그런 시도에 담긴 메이야수의 고충은 동감할 만하다. 칸트 철학으로 대표되는 상관주의에 담긴 이분법적 사고의 틀을 벗어나는 길은 사람이 없는 세계를 상정해야만 할 정도로 터무니없이 어려운 일이라는 것이다.

메이야수는 사람이 등장하기 이전의 세계, 분명히 존재했던 시원적 과거를 도입하여 자신의 논지를 탄탄히 다지고자 했다. 하지만 21세기 포스트휴머니즘의 맥락에서 그 세계는 미래에 대한 상상으로 대체된다. 즉, 사람이 존재하지 않는 미래, 그래서 사람과 사물이라는 이분법이 더 이상 유효하지 않은 세계를 상상할 때만 포스트휴머니즘이 과연 무엇을 위한 것인지, 그리고 무슨 일을 해야 할지를 혁신적으로 고민할 수 있다는 뜻이다. 사실 메이야수도 다른 책에서 비슷한 상상을 한다. 그는 상상력을 극대화시킨 문학 장르로 "과학–밖–소설" XSF, Extro-Science Fiction을 제시한다.[8] (인간의) 경험주의적 "귀납법"이 통용되지 않는, "원칙상으로 실험적 과학이 불가능하고 실제로 알려지지도 않은 세상"을 상상하는 장르가 XSF다.[9] 꼭 그런 장르가 필요한

8. Quentin Meillassoux, *Science Fiction and Extro-Science Fiction*, translated by Alyosha Edlebi (Minneapolis, Univocal Publishing, 2015), p. 5.

지도, 정말 도움이 될지도 의문이지만, 적어도 문학이나 영화 등이 도움이 될 수도 있다는 제안은 문학을 연구하는 필자에게도 매력적으로 들린다.

하지만 실제로 종말이나 종말 이후를 다룬 수많은 영화와 소설을 들여다보면, 그 어디에서도 사람과 사물의 이분법이 사라진 세계는 등장하지 않는다. 우습게도 세상이 종말을 맞은 상황에도 사람은 여전히 살아남아 또 다른 사물이나 사물과 같은 존재와 이분법적 관계를 유지하는 경우가 대부분이다. 사람이 됐든, 좀비가 됐든, 알 수 없는 외계인이 됐든, 아니면 지금과는 다른 환경이 됐든, 한편에는 사람이 아닌 존재가 있고, 다른 한편에는 사람이 있어 서로 갈등을 겪거나 화합을 한다. 어쩌면 사람이 사람을 위해 쓰고 만드는 작품에서 다른 이야기를 기대한다는 것 자체가 어불성설일지 모른다. 그렇다면 현재와 다른 미래를 상상하는 일은 아예 포기해야만 할까? 자크 데리다^{Jacques} ^{Derrida}는 동의하지 않을 것이다. "도래"^{l'avenir}에 관한 그의 이야기에서 이를 확인할 수 있다.

---

9. 같은 책, pp. 5~6.

일반적으로 나는 사람들이 미래라고 부르는 것과 도래를 구분하려고 한다. 미래란 내일, 나중에, 다음 세기 등과 같이 앞으로 일어날 것이다. 예측 가능하고, 미리 계획하고, 준비하고, 가시적인 미래가 있다. 하지만 도래라는 미래도 있다. 도착을 전혀 예상할 수 없는 것을 가리키는 말이다. 내게는 그게 바로 진짜 미래다. 전혀 예측할 수 없는 미래인 것이다. 내가 도착을 전혀 기대할 수 없는 타자고. 따라서 알 수 있는 미래 너머에 진짜 미래가 있다면, 그게 바로 도래다.[10]

데리다에게 도래는 기대하지도 상상하지도 못했던 무언가와 조우하는 시간이다. 그렇기 때문에 가능성보다는 불가능성의 영역에 더 가까운 시간이고, 따라서 타자뿐만 아니라 우리 자신도 어떤 상태일지 상상할 수가 없는 사건이다.

데리다가 도래를 언급하는 이유는 불가능하기에 포기하라거나, 아니면 가능한 미래에 집중해야 한다는 일반적 교훈, 즉 쓸데없는 공상은 하지 말고 할 수 있는 일을 하나씩 차근차근 해나가라는 해묵은 교훈을 전달하기 위해서

---

10. Kirby Dick and Amy Ziering Kofman, *Derrida* (Manchester, Manchester University Press, 2005), p. 53.

가 아니다. 대신 그가 전하는 교훈은 불가능한 것을 상상하는 일에는 항상 비판적 태도가 따라야 하고, 이를 통해 상상을 해체하고 다시 새롭게 상상하는 노력을 해야 진정한 변화가 가능하다는 것이다. 그의 교훈을 유념한다면, 사람과 사물의 미래를, 포스트휴머니즘의 미래를 상상하고 고민하는 일도 가능해 보인다. 그렇다면 어떤 불가능한 미래를 상상해야 할까? 이미 언급했듯이, 그것은 사람과 사물의 이분법이 사라진 미래이자, 포스트휴머니즘에서 휴머니즘의 흔적이 사라진 미래다. 하지만 지금껏 그러한 미래는 종말론적인 상상만 부추겨왔다. 갈등과 혼란이 불거지고 전쟁과 재난으로 극단적 상황이 전개되며, 결국 한쪽만 살아남아야 한다는 논리를 스스럼없이 조장했던 것이다. 프레드릭 제임슨Fredric Jameson에 따르면, 이런 식의 상상은 결국 상상하지 못하는 우리의 능력을 보여주는 것뿐이다. 제임슨의 대안은 다양한 "유토피아적 분열"로 지배적 이데올로기에서 벗어남을 상상하는 것이다.[11] 어쩌면 그런 상상은 다양한 "유토피아적 엔클레이브"utopian enclave들을 만

---

11. Fredric Jameson, *Archaeologies of the Future* (London, Verso, 2005), p. 232.

들어 낼지 모른다.[12] 물론 제임슨의 대안의 배경이 된 포스트모더니즘 시대가 그 다양성에도 불구하고, 정치적·사회적·문화적 양극화가 심화된 21세기로 이어졌다는 점은 제임슨의 대안 자체를 의심하게 만든다. 제임슨은 포스트모더니즘 자체에 문제가 있었다고 지적하겠지만, 그렇다고 포스트모더니즘이 다양성의 토양이었다는 사실을 부정할 수는 없을 것이다. 아무리 심은 것이 상상과 다르게 자라났다 해도, 그 토양은 여전히 그러한 상상과 그 가능성이 잠재되어 있는, 마치 하이데거의 "대지" 같은 곳일 수 있다는 의미다. 포스트모더니즘이 제임슨의 유토피아적 상상을 키워낸 토양이었다면, 아마도 사람과 사물의 이분법이 사라진 미래를 상상하는 혹은 상상하지 못하는 능력을 가진 우리에게도 비슷한 토양이 있지 않을까?

　　나는 포스트휴머니즘이 바로 그런 토양을 제공할 것이라고 믿는다. 이 책은 테크놀로지, 동물, 사물에 대한 논의로 인간중심주의를 비판하는 포스트휴머니즘의 세 흐름을 따라가며 그 토양을 찾는 여정이다. 여정의 안내자로 나는 세 흐름을 개척한 세 사람, 캐서린 헤일스N. Katherine Hay-

---

12. 같은 책, p. 10.

les, 캐리 울프Cary Wolfe, 그레이엄 하먼Graham Harman을 선택했다. 이들이 포스트휴머니즘을 세 방향으로 개척했다는 사실만으로 이미 '사람과 사물'이라는 이분법에 담긴 오만함이, 사람과 나머지 비인간 존재 전체를 등치시키는 착각이 유효하지 않음을 짐작할 수 있다. 그리고 이들을 따라간다면 그 이분법 너머의 어딘가로 가게 될 것이다. 헤일스, 울프, 하먼이 각기 다른 곳에서 시작했기에 그들을 따라간다면 과연 같은 곳에서 만날 수 있을까라는 의문이 들 수도 있다. 하지만 나는 그럴 것이라 믿는다. 세 사람 모두 한결같이 인간중심주의를 비판하며 인간과 비인간의 공존을 도모하기 때문이다. 좀더 솔직히 말하자면 나는 반드시 같은 곳에서 만나야만 한다고 주장한다. 이들이 개척한 흐름들을 따라 흘러온 토사가 토양을 이룰 것이고, 그런 토양만이 사람과 사물 너머의 터전이 될 정도로 비옥할 것이라 믿기 때문이다.

첫 여정은 테크놀로지에서 시작한다. 알파고의 영향 탓인지, 국내에서는 포스트휴머니즘이라는 말이 대부분 테크놀로지와 연결된 인간의 미래를 떠올리게 한다. 인공지능이 인간의 생활 곳곳에 알게 모르게 편리함을 가져오리라는 장밋빛 기대는 정반대로 인공지능이 인류를 지배할 것이라는 비관적 우려와 쌍을 이루며, 언제나 양가적인 이야기를 만들어냈다. 사람들은 알파고의 등장으로 이 양가적 이야기에 비로소 귀를 기울이게 되었다. 하지만 사실 그 이야기는 오래전에 시작되었고, 20세기 중반 이후에 사이버네틱스와 생명공학의 발달로 한층 더 복잡해지고 격렬해졌다. 이 책에서 처음으로 논의할 포스트휴머니즘의 대모 격인 캐서린 헤일스는 바로 그 이야기를 전한다. 사이버네틱스의 시작을 알리는 〈메이시Macy 학회〉13와 대표적 과학자인 노버트 위너Norbert Wiener, 클로드 섀넌Claude Shannon 등의 이론을 정리하면서, 헤일스는 그들의 이야기가 트랜스휴머니즘transhumanism이라고 불리는 서사로 편입되지 않도록 애쓴다. 편리함에 대한 장밋빛 기대를 극대화시켜 물질에 대한 의존을 테크놀로지로 극복하겠다는, 예를 들어 유전공학으로 극한 환경에서도 살 수 있는 인간을 만든다는 트랜스휴머니스트들의 이야기는 매혹적으로 다가온다. 하지만 헤일스가 전하고자 하는 것은 그러한 매혹적 이야기로 덮인 물질성, 즉 몸의 이야기다. 이 책에서 **헤일스의 몸부**

---

13. 〈메이시 학회〉는 조쉬아 메이시 재단의 지원을 받아 1941년에서 1960년까지 뉴욕에서 진행된 학술회의다. 다양한 과학 분야 사이의 소통을 증진하여 통일성을 이루려는 목표를 두고 총 160번 이상의 모임을 가졌다.

림이라는 다소 과격한 이름 아래 전하고자 하는 헤일스의 이야기는 테크놀로지의 혁신적 발전이 인간의 몸을 지운다는 불가능한 계획, 불가능하기에 결국 폭력적인 방식으로 진행될 수밖에 없는 미래를 막고자 한다. 헤일스에게 포스트휴먼은 테크놀로지를 통해 몸을 버리는 존재가 아니라, 그 때문에 몸을 더 절실하게 느끼는 존재다.

헤일스가 21세기에 가장 우선적으로 고민해야 할 문제를 다루는 것은 틀림없다. 물론 대규모의 기후변화로 인한 자연재해나, 자원의 고갈로 인한 양극화와 분쟁도 큰 문제가 될 것이다. 인간은 테크놀로지로 이에 대응할 것이고, 결국 인간 자체도 그 대응 범위에 포함될 수밖에 없다. 헤일스가 우려하는 트랜스휴먼이든 아니면 그가 바라는 포스트휴먼이든, 인간은 더 이상 휴먼으로 남아있기 힘들어 보인다. 하지만 그렇게 인간을 기다리는 미래는 이미 수많은 비인간 생명체와 인간 이하로 취급받던 인간에게는 과거이자 현재다. 우생학과 생체실험, 그리고 도나 해러웨이Donna Haraway가 논의했던 실험동물까지, 그 역사는 길고 잔인하고 폭력적인 기록으로 가득하다. 이런 점에서 헤일스의 고민을 인간에게만 그리고 현재와 미래에만 국한시켜서는 안 될 것이다. 헤일스가 테크놀로지에 집중해서 인간중심주의를 비판하는 만큼, 인간이 비인간 생명체와 맺어온 관계에도 유사한 비판을 적용할 필요가 있다. 확장이 필요하다고 해서 헤일스의 논의가 협소하다는 의미는 아니다. 테크놀로지의 급속한 발전과 확장을 고려할 때 그의 논의는 이미 충분히 광범위하다. 그럼에도 내가 확장을 제안하는 이유는 헤일스의 논의를 넓히려는 것이 아니라 공조를 도모하기 위해서다. 즉, 비인간 생명체에 대한 인간중심주의적 관계를 포스트휴머니즘의 입장에서 비판한 이들과 힘을 합치자는 제안이다.

헤일스와 달리 비인간 생명체인 동물에 집중해서 포스트휴머니즘을 전개하는 이들의 선봉장에는 캐리 울프가 있다. 물론 울프가 2003년에 출판된『동물 제의』를 필두로 본격적으로 포스트휴머니즘적 동물이론을 펼치기 전에도, 동물에 대한 논의는 꾸준히 진행되어 왔다. 1970년대에 동물해방운동과 동물권 논의를 시작하여 이후 수많은 활동가들에게 영감을 준 피터 싱어Peter Singer와 톰 리건Tom Regan, 영장류 연구 등에서 (기존의 행태주의적인 방식 아닌) 동물행동학적인 접근법을 도입하며 서식지 보존의 중요성을 보여준 제인 구달Jane Goodall이나 프란스 드 발Frans de Waal, 그리고 사이보그 연구에서 반려동물 연구로 관심사를 옮기면서 『반려종 선언』을 2003년에 출간한 해러웨이까지, 많은 이들이 동물의 도구화와 자원화의 윤리적·정치적·과학적 문제점을 폭로해왔다. 이들의 연구와 활동이 울프의 작업에 굳건한 기반을 마련하고 공감대를 조성했음은 의심할 여지가 없을 것이다. 하지만 포스트휴머니즘의 입장에서 인간—동물관계를 논의하는 그의 작업은 인간이 동물을 대상화하며 자행하는 폭력을 막고 좀 더 윤리적 관계를 도모하는 일을 우선시하지 않는다. 대신 그러한 대상화를 반복적으로 양산하는 인간중심주의라는 틀을 해체하는 것에 무게를 둔다.

울프에 따르면, 인간이라는 독립적이고 배타적인 시스템을 구성하기 위해서 동물을 그 시스템 밖으로 밀어내는 행위를 반복하는 과정의 논리가 바로 인간중심주의다. 따라서 인간중심주의는 테크놀로지의 등장 훨씬 이전부터, 즉 인간이 스스로를 인간으로 개념화하기 시작한 순간부터 인간—동물관계를 통제해왔다. 하지만 완벽한 통제는 아니었다. 개념적 구분만으로 인간과 동물이 수많은 특성을 공유한다는 사실을 부정할 수 없고, 무언가를 배제하면 항상 그 배제의 흔적이 시스템 내에 남는 것을 막지 못했기 때문이다. 이러한 허점을 들춰내는 울프의 작업에는 부정과 배제가 너무도 고착화되어 동물이 자신의 일부임을 깨닫지 못하는 인간, 무언가 상실했음에도 상실감조차 느끼지 못하는 인간에 대한 우려가 담겨있다. 그런 인간은 문제가 문제인지도 모를 것이라는 우려. 따라서 그는 인간이라는 시스템을 파고들어 해체함으로써 이 문제를 노출시키고, 결과적으로 시스템의 안정성이 얼마나 허위적인지를 입증하고자 한다. 결국 시스템이 정당화했던 인간의 객관적 우월성의 실체는 매우 자의적인 인간중심주의로 판명되고, 인간은 동물로서의 자신을 재확인할 것이다.

인간-동물 관계에 집중한 울프의 포스트휴머니즘은 테크놀로지에 근거한 헤일스의 포스트휴머니즘에 비해 확장성이 높다. 인간-동물 관계만 있다면 시간과 공간의 제약 없이 포스트휴머니즘적 비판을 진행할 수 있기 때문이다. 물론 확장성이 높다고 무조건 더 좋다는 의미는 아니다. 울프에 대한 비판에서 종종 볼 수 있듯이, 확장성에 치중하다 보면 논의가 이론적으로 전개되면서 구체적이고 실질적인 제안으로 변환되기 어렵다. 이런 점에서 울프의 논의와 동물권 운동의 공조가 좀 더 이루어졌으면 하는 아쉬움이 남는다. 하지만 울프의 논의의 또 다른 문제점은 역설적으로 충분히 확장되지 않았다는 사실이다. 동물로 포스트휴머니즘을 확장시키기는 했지만, 그의 관심사는 비인간 전체를 아우르지는 못한다. 이른바 생명중심주의biocentrism의 틀에서 벗어나지 못하는 것이다. 그렇지만 21세기 들어서 생명중심주의라는 틀이 나날이 더 협소해진다는 사실은 부인하기 어렵다. 사스, 메르스 그리고 현재 코로나바이러스 등 미생물과의 안정적 관계를 기존의 면역체계로 유지하기 어렵고, 자연림의 손실 등 식물군의 변화는 인간의 삶에 직접적인 영향을 미치고 있다. 그리고 기후변화와 자원 고갈 등 비생명체의 문제는 인간을 포함한 생명체뿐만 아니라 전 지구적 문제로 번지고 있다. 이 모든 상황을 고려한다면, 이제 포스트휴머니즘은 테크놀로지와 비인간 생명체에서 사물로까지 그 관심사를 확장해야 하지 않을까? 지금까지는 인간과 직접적 관련이 있는 대상들을 중심으로 고민했다면, 이제는 인간이 아닌 사물을 중심으로 포스트휴머니즘을 전개할 때가 된 것이 아닐까?

위의 질문에 대한 답을 찾고자, 책의 마지막 장은 그레이엄 하먼의 객체지향존재론OOO, object-oriented ontology 혹은 객체지향철학object-oriented philosophy을 따라간다. 하먼을 도입하기 위해서는 용어 혹은 소속을 간략하게나마 정리할 필요가 있다. 우선 하먼 본인이 밝히듯이 객체지향철학은 넓게는 사변적 실재론speculative realism에 속한다. 하먼과 함께 메이야수, 레이 브라시에Ray Brassier, 이안 해밀튼 그랜트Iain Hamilton Grant를 필두로 형성된 사변적 실재론은 이후 스티븐 샤비로Steven Shaviro, 이언 보고스트Ian Bogost, 레비 브라이언트Levi Bryant, 티머시 모턴 등이 참여하며 확장되었다. 이들은 인간의 오성으로 감지되는 것을 제외하고는 사물을 알 수 없다는 칸트의 상관주의를 거부하며 사물 자체에 대한 사변적 고찰이 가능하고 필요하다는 주장을 한다. 물론 어떻게 가능하고, 왜 필요한지에 대해서는 각자 입장이 다르지만, 오해를 피하기 위해 꼭 짚고 넘어가야 할 점이 있다. 사변을 강조한다고 해서 의식을 주축으로 인간의 우월성을 재정립하려는 의도가 아니라는 것이다. 오히려 이들은 사변이 필요할 정도로 사물의 세계가 복잡하고 역동적이라는 시각을 공유한다. 그러한 시각은 사변적 실재론을 신사물론new materialism 내에 위치시킨다. 철학, 문화, 예술 전반에 걸쳐 사물에 대한 관심이 높아지면서 등장한 신사물론은 기존의 과학적 혹은 유물론적 틀에서 벗어나 사물 자체의 움직임에 주목한다. 국내에서는 종종 영문명인 'new materialism'을 신유물론으로 번역하지만, 이는 신사물론의 입장을 반영하지 못한 용어라고 여겨진다.

하먼에 관한 4장에서 좀 더 논의하겠지만, 21세기의 시대적 요구와 20세기 중반 이후 변화된 과학적 세계관으로 발달한 이론이기에 나는 신사물론이라는 용어가 더 적절하다고 본다.

이 책에서는 신사물론을 포스트휴머니즘 논의 안에 위치시키고자 한다. 어쩌면 사물의 세계 안에 인간과 비인간 생명체가 존재한다는 점에서 포스트휴머니즘을 신사물론 내에 두는 것이 맞을지 모른다. 그럼에도 포스트휴머니즘 내에 신사물론을, 특히 하먼의 객체지향철학을 그 안에 위치시키고자 하는 이유는 앞서 언급한 포스트휴머니즘의 두 흐름과 그것을 합류시키기 위해서다. 종속 관계를 따지는 것보다는 셋의 공조가 더 중요하기 때문이다.

하먼은 하이데거의 철학에서 도구에 대한 논의를 확장하여 "도구존재"라는 개념을 발굴해낸다. 여기서 가장 주목할 점은 인간도 다른 사물과 마찬가지로 "도구존재"라는 그의 주장이다. 따라서 하먼은 사물은 물론 동물과의 질적 차이를 강조하면서 인간만이 "현존재"임을 강조했던 하이데거와는 정반대의 입장에 서 있다고 할 수 있을 정도다.[14]

---

14. 하먼은 하이데거의 철학도 결국 자신의 입장에서 재정리할 수 있다고 말하지만, 사실 재정리가 가능할지 그리고 애초에 재정리가 필요한지는 의문

대신 하먼의 작업은 인간까지 포함하는 사물 하나하나가, 즉 그가 객체라고 부르는 것들이 눈에 보이고 이해 가능한 무엇이면서도, 동시에 훨씬 더 많은 가능성을 지닌 채 보이지 않게 물러나 있는 존재임을 알리고자 한다. 개별 사물은 자신의 요소들 elements을 통해 다른 사물의 요소들과 연결되면서 감각적 세계를 구성하지만, 그 사물 각각은 아직 드러나지 않은 요소들을 담고 그 세계에서 물러나 있다. 이런 식으로 하먼은 관계망으로만 주로 이해되던 사물의 복잡성과 역동성을 개별 사물에 되돌려주고자 한다. 따라서 하먼의 철학에서는 사물 하나하나가 매혹적이고 놀라운 존재다. 사물의 놀라움, 바로 그것이 그의 철학을 신사물론이라 부를 수 있는 이유고, 포스트휴머니즘에서 그의 철학이 필요한 이유다. 인간 자신을 포함한 그 모든 사물의 놀라움에 대한 존재론적이고 윤리적인 의무가 드러나는

이다. 하먼의 행보에서 하이데거는 하나의 발판이지 그가 하이데거를 대변하고자 하는 것이 아니기 때문이다. 오히려 하이데거를 대변하려는 그의 입장은 다소 소모적인 논쟁을 자아낸다. 대표적으로 피터 울펜데일(Peter Wolfendale)은 신랄하지만 다소 도식적인 비판을 가한다. 울펜데일은 『객체지향철학』에서, "하먼이 하이데거의 도구 분석에서 발굴하려고 하는 요소는 아예 거기에 없다."고 주장하면서 하먼의 철학이 "일종의 기묘한 미식가적 신비주의"일 뿐이라고 비난한다. Peter Wolfendale, *Object-Oriented Philosophy* (Windsor Quarry, Urbanomic, 2014), pp. 48, 162.

것이다.

헤일스와 울프와 하먼은 각각 테크놀로지, 동물, 사물에 대한 논의를 통해 인간중심주의를 비판하고 포스트휴머니즘의 가능성을 타진하고 있다. 이제 내가 이들을 감정으로 엮는 이유를 설명하고자 한다. 헤일스의 몸부림은 테크놀로지의 허상이 숨기려 하는 몸과 물질성을 복구하고자 하고, 울프의 상실감은 인간이라는 허상 때문에 잊어버리고 잃어버리는 동물을 되찾고자 한다. 그리고 하먼의 놀라움은 왜 헤일스와 울프의 작업에, 왜 포스트휴머니즘 논의에, 우리 모두가 참여해야 하는지를 알려준다. 몸부림·상실감·놀라움, 이 세 가지 감정이 바로 내가 세 사람의 작업을 이해하고 연결하는 방식이다. 왜 감정에 주목하는가? 과학, 철학, 비평에 대한 그들의 좀 더 폭넓고 심오한 논의를 파고드는 대신 감정에 주목하는 이유는 무엇인가? 우선 필자의 역량이 부족하다는 점을 인정할 수밖에 없다. 사이버네틱스에 대한 헤일스의 논의를 따라갈 수는 있지만, 그의 설명이 옳은지 평가할 정도로 사이버네틱스를 알지는 못한다. 울프의 데리다 논의나 하먼의 하이데거 논의의 경우도 마찬가지다. 그들의 논의를 이해하지만, 그 논의의 옳고 그름을 판단하는 일은 내겐 역부족이다. 하지만 그럼에도 세 사람을 이 책에서 같이 다루는 이유는 각자의 논의의 가부를 따지는 것보다 더 중요한 이유가 있기 때문이다. 바로 포스트휴머니즘의 세 흐름을 하나로 모으는 일이다. 서로 다른 곳에서 흘러왔고, 잘 섞이지 않을 때도 있겠지만, 그래도 같은 방향으로 향하고 있음을 보여주려는 것이다. 몸부림과 상실감과 놀라움 모두가 21세기를 향한 세 사람의 절실함에서 나온 것이라고 믿기에 나는 감정으로 그들을 엮고자 한다.

감정이 중요한 이유가 하나 더 있다. 포스트휴머니즘의 물결에 더 많은 이들이 공조하기를 바라는 마음에서다. 헤일스, 울프, 하먼을 논의했지만 포스트휴머니즘의 물결이 이들만으로 이루어진 것은 아니다. 책에서 다루지 않는 수많은 이들이 포스트휴머니즘의 물결에 합류하고 있지만, 이들의 공조는 여러 가지 이유와 논리로 인해 제한적이다. 비인간 타자와의 관계를 급진적으로 변화시켜야 하는 포스트휴머니즘에서 "권리에 계산적으로 접근하는" 공리주의적 방식과 "계몽주의적 주체성에 대한 의존"은 더 이상 적절하지 않다고 하면서 엘리자베스 아눌드-블룸필드 Elizabeth Arnould-Bloomfield는 진정으로 필요한 것은 "급진적 타자성을 향한 새로운 종류의 포스트휴먼적 공감sympathy"

이라고 제시한다.[15] 비록 동물윤리의 차원에서 이야기한 것이지만, 그가 제시한 "포스트휴먼적 공감"은 그 어떤 타자와의 관계에서도 똑같이 필요해 보인다. 굳이 순서를 정한다면, 몸부림·상실감·놀라움은 관계가 끊어지고 있다는 절실함에서 나온 감정이기에 관계를 새로이 시작하는 "포스트휴먼적 공감"에 우선한다. 어쩌면 이렇게 세 감정을 엮고 나면 "포스트휴먼적 공감"으로 이어지고, 더 많은 이들의 공조로 이어질 수 있지 않을까? 나는 그렇다고 믿고 있으며, 그렇기에 포스트휴머니즘의 세 흐름은 더 이상 따로 흘러서는 안 된다고 확신한다. 물론 서로 섞인 물결들로 속도도 빨라지고, 파랑도 일어나고, 소용돌이도 생기면서 험난한 물줄기가 될 것이다. 하지만 그렇게 모이면서 강은 더 넓어지고, 더 많은 물줄기를 담아내게 된다. 그리고 강물은 토양을 옮겨 삼각주를 만들어 내고, 그곳에서 불가능한 듯 보이지만 "도래"하리라 믿어야만 하는 포스트휴머니즘의 미래가 자라날 것이다.

---

15. Elisabeth Arnould-Bloomfield, "Posthuman Compassions," *PMLA* 130.5 (2015), p. 1468.

2장 테크놀로지와 포스트휴머니즘:
헤일스의 몸부림

정보로서의 몸, 물질로서의 몸
포스트휴먼의 몸부림
텍스트의 몸
타자의 부재 : 헤일스의 포스트휴머니즘의 윤리적 한계

2018년 『가디언』에 실린 스티븐 호킹Stephen Hawking의 추도문에서, 그의 오랜 동료였던 로저 펜로즈Roger Penrose는 호킹이 "물질에 대한 정신의 승리를 보여준 진정한 상징"이라 칭송했다.[1] 이어서 그는 다음과 같이 회고했다. "신체적 장애는 거의 초자연적인 재능으로 보상받은 듯했고, 그 재능으로 그의 정신은 우주를 자유롭게 돌아다니며 평범한 인간의 눈에는 보이지 않던 우주의 비밀의 일부를 신비롭게 드러냈다."[2] 루게릭병으로 마비된 몸을 전동휠체어에 기댄 채, 손에 놓인 장치로 스크린에서 문장을 선택하여 글을 쓰거나 혹은 합성된 전자음으로 강연이나 인터뷰를 하는 호킹의 영상을 본 사람이라면, 펜로즈의 말에 동의할 것이다. 진정한 "정신의 승리"를 보여준 상징적 인물이라고 말할 것이다. 하지만 그것이 과연 "물질에 대한" 승리였을까? 장애가 있는 호킹 본인의 몸이 겪는 난관을 극복한 승리이기는 했지만, 그 몸을 보조하는 다양한 기계장치라는 물질이 없었다면 가능한 승리였을까? 물론 추도문에서 "물질"이라는 용어를 사용하면서, 펜로즈는 그런 사소한 물질이 아니라 "우주"라는 거대한 물질을 생각했을 것이다. 보

---

1. Roger Penrose, "Mind over Matter," *The Guardian*, March 14, 2018.
2. 같은 글.

통 사람들에게는 감춰진 그 거대한 물질의 "비밀"을 밝혀
낸 "승리"라고 말이다. 하지만 아이러니한 점은, 호킹이 궁
극적으로 추구했던 목표인 "모든 것에 대한 이론"Theory of
Everything은 그처럼 사소한 물질과 거대한 물질을 같이 생
각하는 데서 시작했다는 사실이다.

〈모든 것에 대한 이론〉은 호킹의 생애를 그린 2014년
영화의 제목이기도 하다. 그의 첫 번째 아내인 제인 호킹
Jane Hawking의 2007년 회고록인 『무한대로의 여행 : 스티븐
과 함께한 나의 인생』을 각색한 영화이기에 두 사람이 헤
어지는 장면은 특별하게 다가온다. 이 장면에서, 폐렴으
로 목소리까지 잃은 자신을 간호하기 위해 고용된 일레인
Elaine과 가까워진 호킹은 제인에게 그녀와 함께 미국에 상
을 받으러 갈 것이라고 ─ 미국식 영어를 말하는 기계의 합성된
목소리로 ─ 말한다. 자신에게 미리 알리지 않고 여행을 계
획했다는 사실에 놀라면서 남편의 말에 숨은 의미를 깨달
은 제인에게 호킹은 "몇 년이었지?"라고 묻는다. 그러자 제
인은 결혼할 당시에 2년만 살 수 있다고 했던 의사들의 진
단과 달리 오랫동안, 세 명의 자녀를 가질 정도로 오랜 시
간을 같이했다고 대답하며, "그동안 당신을 사랑했어요."라
는 말로 두 사람의 결혼생활이 끝났음을 확인한다. 영화는

이 순간 호킹이 침을 흘리고 눈물을 흘리는 모습과 적절한 말을 찾을 수 없다는 듯이 계속 커서가 움직이는 스크린을 함께 보여준다. 아무런 말도 없이 두 사람은 긴 결혼생활을 그렇게 마무리한다. 실제로 두 사람의 이혼이 그렇게 감동적이었는지는 모르겠지만, 아카데미 남우주연상을 받은 에디 레드메인Eddie Redmayne의 명연기가 돋보이는 영화에서 내게는 특히 기억에 남는 장면이다.

하지만 이 장면이 기억에 남는 진짜 이유는 배우의 명연기나 대사가 아니라 그의 침 때문이다. 제인이 "그동안 당신을 사랑했어요."라고 말하는 순간 그의 입에서는 침이 흐르고, 제인은 곧바로 이를 닦아준다. 뒤이어 눈물을 흘리는 호킹의 뒷모습이 보인다. 이 장면에서 호킹이 느끼는 복잡한 감정에 대한 적절한 표현을 찾기는 힘들 것이다. 아무리 적절한 말이 있다고 해도 그 말을 철자 하나하나 찾아서 버튼을 눌러야 한다면, 그러고도 결국 자기 목소리가 아니고 국적도 다른 기계음으로 전해야만 한다면, 차라리 말을 하지 않는 게 나을 것이다. 대신 호킹은, 그리고 제인도 마찬가지로, 눈물로 감정을 대신한다. 하지만 그렇게 의도가 담긴 눈물과 달리 호킹의 침은 의도치 않게 흐른다. 자신의 뜻대로 움직이지 않는 몸처럼 말이다. 그러나 그의 뜻대로 움직이는 휠체어나 다른 기계장비도 없기에, 침은 그저 흘러내린다. 그 침은 "물질에 대한 정신의 승리"에 동참하지 못한 그의 몸을, 그가 조종하는 각종 장비의 혜택을 받지 못한 몸을 드러내 보여준다. 그리고 그 침을 제인이 닦아준다. 살면서 얼마나 많은 침을 닦아줬을까? 침뿐만이 아니다. 제인이 없었다면, 그의 몸에서 나오는, 살아있는 몸이기에 나올 수밖에 없는, 그 온갖 분비물들은 어떻게 처리했을까? 그런 것들로 둘러싸였다면 호킹이 자신의 업적을 이룰 수 있었을까? 이런 질문을 던지다 보면 점점 더 "물질에 대한 정신의 승리"라는 펜로즈의 말에 의구심을 가질 수밖에 없다.

『모든 것에 대한 이론』은 2005년에 출간된 책의 제목이기도 하다. 1996년에 『강연전집 : 생애의 연구』라는 제목으로 처음 출판되었던 이 책에는 호킹이 케임브리지 대학에서 했던 강연들이 실려 있다. 특히 책의 제목과 같은 제목의 강연에서 그는 이전까지의 물리학 이론들을 "부분적 이론들"partial theories이라고 지칭하면서, 이들을 하나로 통합할 '모든 것에 대한 이론'의 가능성을 둘러싼 세 가지 입장을 제시한다.[3] 첫 번째는 그런 이론이 가능하고, 언젠가 발견될 것이라는 입장이다. 두 번째 입장은 비록 완벽한 이론은 없지만 적어도 "우주를 점점 더 정확히 설명할" 수는 있다는 것이다. 마지막으로는 우주가 "우연하고 자의적인 방식"으로 존재하기에 그런 이론은 아예 불가능하다는 입장이다.[4] 비록 "우리가 먼저 우리 자신을 폭발시키지 않는다면"이라는 단서를 두긴 하지만, 호킹은 당연히 첫 번째를 지지한다.[5] 하지만 이를 위해서는 중요한 전제가 필요하다. 바로 호킹을 대중적으로 유명하게 만든 책인 『간략한 시간의 역사』에서 그가 말하듯이, "우주는 우리가 발견하고 이해할 수 있는 합리적 법칙의 지배를 받는다."는 전제다.[6] 그런 우주여야만 하나의 과학이론으로 설명될 수 있기 때문이다. 호킹은 그런 이론이 "아마도 우리의 행동을 결정할 것"이라고 상상하며, 이 경우 인간이 항상 "잘못된 결론"에 도달하는 결정을 내릴 수도 있지 않겠냐고 자문한다.[7] 이 질문에 호킹이 할 수 있는 "유일한 대답"은 "다윈의 자연선택설"을 근거로 인간에게 주어진 "합리적 능력"이 그

3. Stephen Hawking, *The Theory of Everything* (Beverly Hills, Phoenix Books, 2005), p. 122.
4. 같은 책, p. 131.
5. 같은 곳.
6. Stephen Hawking, *A Brief History of Time* (London, Transworld Publishers, 2011), e-book.
7. 같은 책.

렇게 작동하지는 않을 것이라는 믿음이다. "지식을 향한 인류의 가장 근본적인 욕망"에 대한 그의 깊은 믿음만이 유일한 답인 것이다.

그 욕망은 인간 정신과 우주가 똑같이 합리적이고 이성적인 법칙에 따라 움직일 것이라는 믿음으로 발현되었다. 아무리 복잡하고 우연적인 듯이 보이더라도 물질세계는 그러한 법칙에 따른다. 그렇기에 호킹과 같은 과학자에게는 수학적 계산으로 그 세계를 설명하고 예측하는 일이 가능해진다. 펜로즈가 말한 "물질에 대한 정신의 승리"가 가능한 세계라는 뜻이다. 그리고 펜로즈는 호킹이 그 승리를 상징한다고 말한다. 하지만 그의 상징성을 잠시만 접어두는 순간 수많은 물질들이 드러난다. 흐르는 침 같은 갖가지 분비물이 나오는 호킹의 몸이 드러나며, 그 몸의 분비물을 닦아주는 제인과 같은 다른 사람의 몸도 보인다. 움직이기는커녕 말도 못 하는 몸, 전동휠체어나 다른 기계 장비를 필요로 하는 몸이 보인다. 호킹이 필요했던 이 모든 물질에 대해서도 그의 정신이 "승리"했을까? "모든 것에 대한 이론"으로 그 물질들과 그의 관계를 설명할 수 있을까? 물론 호킹의 위대한 업적과 그 업적을 이루기 위해 그가 극복한 어려움을 폄하하려고 이런 질문을 던지는 것은 아니다. 다만 정신의 우위를 입증하는 상징성에 매혹당해, 그 상징성으로 가려지는 그의 몸, 타인의 몸, 그리고 다양한 물질들이 간과될까 우려되기에 던지는 질문이다.

호킹을 보고 그렇게 간과하지 않은 사람이 있다. 바로 샌디 스톤Sandy Stone이라는 이름으로 더 잘 알려진 알러퀘르 로젠Allucquére Rosanne 스톤이다. 스톤은 정신의 우위의 상징성보다는 오히려 물질에 더 매혹당한 사람이다. 『기계 시대 끝에서의 욕망과 테크놀로지의 전쟁』의 서문인 「섹스, 죽음, 기계, 혹은 어떻게 내가 나의 프로스테시스와 사랑에 빠졌는가」에서 스톤은 글을 쓰게 된 계기 중 하나로 호킹을 언급한다. 강연장 밖에서 스피커로 호킹의 강연을 듣는 데 만족하지 못하고 "실제로 그가 강연을 하는 걸 듣기" 위해, 스톤은 몰래 강연장으로 들어가 휠체어에 앉아 기계장치를 통해 이야기하는 그를 발견한다. 이 순간 스톤은 다음과 같이 자신에게 묻는다.[8]

호킹은 정확히 어디에 있지? 내가 밖에 있었을 때보다 지금 그와 더 가까이 있는 건가? 무대에서 누가 강연을 하고

---

8. Allucquére Rosanne Stone, *The War of Desire and Technology at the Close of The Mechanical Age* (Cambridge, MIT Press, 1996), p. 5.

있는 거지? 중요한 의미에서, 호킹은 보이는 몸의 경계에서 호킹이기를 멈추지 않는다. 분명히 육체적인 호킹이 있다. 우리의 사회적 조건화가 사람을 사람으로서 보라고 가르치는 방식에 의해 생생하게 그려진 몸으로서 말이다. 하지만 호킹의 좀 더 중요한 부분은 그의 무릎에 있는 상자로 이어진다 … 상자가 없으면 대화도 없다. 프로스테시스가 부재하면, 호킹의 지성은 숲에서 쓰러지는 순간 주변에 그 소리를 들을 사람이 없는 나무와 같다. 다른 한편으로, 그 상자 때문에 그의 목소리는 음성이면서 동시에 전기신호다. 보통 사람이 마이크에 대고 말하는 것과는 급진적으로 다른 방식으로 존재하는 것이다. 어디서 그이기를 멈추는가? 그의 경계는 어디인가? 그와 그의 커뮤니케이션 프로스테시스가 제기하는 이슈는 경계 논쟁, 접경지대/프론테라*frontera*의 질문이다.9

스톤의 질문은 호킹에 대해 더 잘 알고 싶어서가 아니라 호킹과 그의 장비의 관계에 대해 알고 싶어서 하는 질문이다. 호킹의 위대함에 매혹당하는 것이 아니라, 그의 장비를 보

---

9. 같은 곳.

고 "프로스테시스와 사랑에" 빠진 것이다. 스톤에게 호킹은 "정신의 우위"라는 인류의 오랜 욕망의 상징이 아니라, 20세기의 테크놀로지가 정신과 물질세계의 경계에 가져온 급진적 변화를 상징한다.

그러한 변화를 야기한 대표적 테크놀로지는 바로 컴퓨터다. 스톤은 컴퓨터의 등장이 가져온 변화 중 하나로 일과 놀이의 경계가 불분명해진 현상을 이야기한다. "컴퓨터를 인간의 노동을 도와주거나 중재해주는 계산 도구로 보는 것은 두 가지 요소로 구성된 쿤의 패러다임의 일부"라고 지적하면서, 이 두 요소를 각각 "인간 노동 윤리"와 "도구로서의 컴퓨터라는 시각"이라고 설명한다.[10] 근대사회 이후 노동공간이 생활공간과 분리되며, 노동윤리는 그 분리된 노동공간에 맞는 행동 양식과 사고방식을 강조해왔다. 반면 군사적이고 산업적 환경에서 발달한 컴퓨터는 자연스럽게 도구로서 인식되어왔다. 하지만 현대인이라면 누구나 인정하듯이, 컴퓨터는 더 이상 노동에만 사용되는 도구가 아니다. 스톤은 "놀이 윤리의 생산과 삽입"을 "산업 게놈에 변이를 일으키는 것"과 같다고 비유한다.[11] 비록 20세기 말

---

10. 같은 책, pp. 13~14.
11. 같은 책, p. 15.

에 스톤은 이러한 변화를 특수한 직업을 가진 노동자에게
만 일어나는 현상으로 파악했지만, 21세기 들어 그러한 제
약은 이미 사라졌다. 즉, "컴퓨터를 도구일 뿐만 아니라 사
회적 경험의 장arenas"으로 경험하는 이들은 더 이상 해커
와 같은 컴퓨터 관련 분야 종사자만이 아닌 것이다.[12] 이러
한 변화의 시작을 관찰하면서 스톤은 다음과 같은 일련의
질문을 던진다. "몸은 테크놀로지를 통해 어떻게 재현되는
가? 욕망은 재현을 통해 어떻게 구성되는가? 새로이 등장
하는 인간-컴퓨터 상호작용의 패러다임에서 놀이의 역할
은 무엇인가? … 기계시대의 끝자락에서 사회성과 욕망에
무슨 일이 일어나는가?" 이런 질문을 고민하면서 그는 이
른바 ― 더 적절한 말이 떠오르지 않는다고 그는 고백한다 ― "버
추얼virtual 시대"가 시작되었다고 선언한다.[13]

　　"버추얼 시대"보다 더 적절한 용어가 있다면 바로 포스
트휴머니즘 시대가 아닐까? 스톤은 몸이 컴퓨터라는 테크
놀로지를 통해 확장될 가능성을 수용하면서 "프로스테시
스와 사랑에" 빠진 사람들에 대해 이야기한다. 호킹도 자
신의 프로스테시스를 사랑했을까? 마음대로 움직이지 않

---

12. 같은 곳.
13. 같은 책, pp. 17, 20.

는 자신의 몸을 사랑했을까? 자신을 돌보는 부인들과 가족들을 사랑했을까? 답을 알 수 없는 질문이지만, 적어도 확실한 것은 그에게는 이 모든 것이, 심지어는 원치 않게 침을 흘리는 몸마저도, 필요했다는 사실이다. 그리고 그의 "정신의 승리"를 가져다준 우주라는 물질세계도 분명 그에게 필요한 것이었다. 스톤이 호킹을 보면서 깨달은 것은 바로 이 많은 물질과의 필수적인 관계가 버추얼 시대에 점점 더 강해질 것이라는 사실이었다. 이 필수적인 관계를 지배와 종속의 관계, 즉 정신이 물질세계를 극복하고 승리해야만 하는 관계로 보아야 할까? 아니면 떼어낼 수 없는 관계이기에 사랑하는 관계가 되어야 할까? 스톤처럼 사랑하는 관계라고 생각하기는 힘들다 해도, 적어도 지배/종속 관계를 지향해서는 안 될 것이다. 그러기에는 우리가 너무도 깊숙이 테크놀로지와 컴퓨터로 구성된 세계에 침윤되어 있기 때문이다. 헤일스는 이 세계를 "계산적 우주"라고 부른다. 그리고 그 세계에 사는 사람들을 포스트휴먼이라고 부른다. 헤일스의 포스트휴머니즘은 바로 포스트휴먼에게 물질세계를, 몸을 잊지 말라고 경고하면서 시작한다.

정보로서의 몸, 물질로서의 몸

포스트휴머니즘을 본격적인 학문 분야로 발전시킨 학자가 캐서린 헤일스라는 주장을 반박할 사람은 아마도 없을 것이다. 물론 포스트휴먼이라는 용어는 헤일스보다 먼저 이합 핫산Ihab Hassan이 1977년에 제안했다.[14] 또한 1960년대에 시작된 후기구조주의나 포스트모더니즘에서 제기한 담론의 결과물로서의 인간, 해러웨이를 주축으로 한 사이보그로서의 인간, 테크놀로지의 발전을 바탕으로 미래학자들이 그려낸 신인류, 그리고 SF 장르에서 지속적으로 상상한 다양한 인간군 등, 헤일스의 포스트휴먼의 전신은 여러 곳에 존재해왔다. 이러한 전신들에 익숙한 사람들은 포스트휴먼에 상반된 반응을 보였다. 한편으로는 테크놀로지에 대한 불안감에서 전통의 유지나 강력한 규제를 요구하였고, 다른 한편으로는 낙관적인 기대감에서 혁신적 변화와 과감한 투자를 주장하기도 했다. 이렇게 기존의 테크노

---

14. 전통적 휴머니즘의 종식, 생물학과 인공지능의 발달 등이 인간 개념에 급격한 변화를 초래하고 있음을 지적하며 핫산은 아직 "미심쩍은 신조어"로서 "포스트휴머니즘"을 제안한다. Ihab Hassan, "Prometheus as Performer," *The Georgia Review* 31.4 (1977), p. 843.

포비아technophobia와 테크노필리아technophilia의 이분법적 구도를 이어가는 상반된 반응에도 불구하고, 양측은 포스트휴먼 자체에 대한 고민보다는 그로 인해 일어날 변화에 대처하는 데 주목하는 공통점을 보였다. 비록 대처 방식이 다르지만, 양측 모두 궁극적으로 인간의 안녕이라는 목표를 지향한다는 점에서 인간중심주의를 공유했던 것이다.

헤일스의 작업은 이처럼 인간중심주의가 곳곳에 도사리고 있는 포스트휴머니즘 논의를 새로운 방향으로 이끌었다는 점에서 중요하다. 무엇보다도 그는 포스트휴먼 자체에 대한 고민을 해나가면서 포스트휴먼의 효과가 아닌 실체를 연구대상으로 삼았다. 즉, 포스트휴먼이 무엇을 할 것인가라고 질문하기 전에 포스트휴먼이 무엇인가라는 질문에 초점을 둔 것이다. 과연 포스트휴먼은 그것을 반대하거나 추앙하는 이들이 상정하는 것처럼, 물리적 제약에서 자유롭고 무한한 지능과 능력을 가진 존재인가? 헤일스의 작업은 바로 이 질문에서 시작하고, 여기에 대한 그의 일관된 답변은 그렇지 않다는 것이다. 왜냐하면 물리적 제약은 항상 존재하고, 무엇보다도 포스트휴먼의 몸이 그 사실을 입증하기 때문이다. 그의 작업을 전체적으로 조망한 셰릴 빈트Sherryl Vint가 지적하듯이, "정보이론의 실제적이고 물질적 역사의 일환으로 체현화embodiment 15의 의도적인 삭제가 진행되었음을 드러내면서, 헤일스는 체현된 개념으로서의 포스트휴먼을 주장한다."16 포스트휴먼은 체현된 존재이기에 물리적 제약에서 자유롭지 않다. 따라서 포스트휴먼의 몸을 삭제하면서 이를 이분법적으로 해석하는 논의들, 즉 몸이 없어서 완전히 자유롭다고 하거나 몸이 없기에 인간의 존엄성을 잃는다고 하는 논의들은 모두 헤일스의 비판 대상이 된다. 헤일스가 보기에, 삭제에 대한 집착은 정신의 우위와 신체의 폄하를 강조하는 인간중심주의 혹은 자유주의적 인본주의liberal humanism에서 기인하기 때문이다.

헤일스는 주로 테크놀로지, 특히 사이버네틱스의 측면에서 자신의 작업을 논의하지만, 사실 포스트휴먼의 몸에 대한 그의 논의는 20세기 후반에 급속도로 진행된 몸에 대한 관심과 연구가 없었다면 가능하지 않았을 것이다. 그러한 논의는 특히 페미니즘과 퀴어 이론의 주도로 이루어졌고, 그 중심에 주디스 버틀러Judith Butler의 이론적 작업이

---

15. Embodiment를 체현으로 번역하는 경우가 많지만, 여기서는 체현된 상태보다는 체현하는 과정을 강조하는 의미에서 '체현화'로 표기한다.
16. Sherryl Vint, "Embodied Texts, Embodied Subjects," *Science Fiction Film and Television* 1.1 (2008), p. 117.

있음은 의심할 여지가 없다. 아서 크로커Arthur Kroker의 『바디 드리프트』는 이 점을 확인한다. 버틀러, 헤일스, 해러웨이를 "바디 드리프트"라는 개념으로 연결시키며, 크로커는 그 개념을 다음과 같이 설명한다. "바디 드리프트는 우리가 몸이라는 용어의 그 주어진 의미에 따라 하나의 몸에만 거주하는 것이 아니라는 사실, 즉 오히려 다중의 몸들 – 상상의, 성적인, 제도적인, 젠더화된, 노동하는, 기술적으로 증감된 몸들 – 에 거주한다는 사실을 가리킨다."[17] 버틀러, 헤일스, 해러웨이는 바디 드리프트의 "주요 이론가들"로서, 각각 "우연성, 복잡성, 중개"contingencies, complexities, intermediations를 통해 여기에 접근한다.[18] 버틀러는 "이성애적 정상성에 대한 사회적 요구와 '비판적 탈주체화' 사이에서 영원히 비고정된" 몸들에 주목하며, 그 "우연적 몸의 흔적"을 "[몸의] 억압, 부인, 제외의 고통스러운 역사를 통해" 찾아간다.[19] 반면 헤일스는 미래를 바라보며 몸이 "기술적 조건과 완전히 얽히면서" 생기는 복잡성에 주목한다.[20] 즉, "테크니시티[기술성]가 몸

---

17. Arthur Kroker, *Body Drift* (Minneapolis, University of Minnesota Press, 2012), p. 2.
18. 같은 책, p. 5.
19. 같은 책, pp. 7, 8.
20. 같은 책, p. 9.

의 외부와 관련이 있다는 테크놀로지에 대한 일반적 관점을 버리고, 헤일스는 컴퓨테이션[계산]의 체제regime에 의해 몸이 효과적으로 영토화되는 다중적 방식을 탐색"한다고 크로커는 설명한다.[21]

버틀러의 『의미를 체현하는 육체』에서 착안하여 『육체는 체현한다』라는 제목의 책을 편집한 에이브릴 호너Avril Horner와 안젤라 킨Angela Keane은 책의 서문에서 "성적 정체성, 담론적 관습, 반복된 제의로서의 욕망과 젠더 수행의

---

21. 같은 책, p. 12. 크로커의 논의에서 또 다른 흥미로운 점은 헤일스와 하이데거를 연결시키고 있다는 것이다. 그는 헤일스가 "테크놀로지에 대한 하이데거의 질문에 따른 최종 결과를 탐구한다."고 전제한다(같은 책, 25). 특히 하이데거의 『동일성과 차이』(*Identity and Difference*)에서 "지속(perdurance)은 맴돌기, 존재와 존재자들이 서로를 맴도는 것이다."라는 말을 인용하면서, 크로커는 이것이 복잡성 이론에서 이루어지는 "[컴퓨테이션[계산]의] 존재론과 창발의 관계"를 아주 잘 설명한다고 말한다(같은 책, 85). 즉 "컴퓨테이션[계산]의 체제"가 존재라면, 그로 인해 창발하는 다양한 포스트휴먼 주체들은 존재자와 같고, 둘의 관계는 같지도 않고 다르지도 않게 복잡하게 겹쳐서 맴도는 것이다. 크로커는 이렇게 "컴퓨테이션[계산]의 체제"를 하이데거식으로 해석하며, "존재의 문제는 사라지지 않았다."고 말한다(같은 책, 86). 과연 헤일스가 크로커의 비유에 동의할까? 존재와 존재자 사이에 있는 아주 특별한 존재자, 다른 존재자들과 달리 존재에 더 가깝다는 이유로 우월할 수밖에 없는 인간의 지위를 인정하는 하이데거의 세계관을 수용할까? 포스트휴머니스트인 헤일스의 답을 상상해보면 크로커의 시도가 다소 무리였다는 생각이 든다. 하지만 이 책에서 마지막으로 다룰 그레이엄 하먼이 하이데거 철학을 시작으로 자신의 철학을 발전시켰다는 점에서, 크로커의 시도는 헤일스와 하먼의 연관성을 형성하는 데 참고할 만하다.

연결에 관한 버틀러의 글은 1980년대 이후부터 엄청난 영향력을 끼쳤다."고 평한다.[22] 특히 몸이 "언어와 물질들the material의 생산물"임을 보여줌으로써, "우리가 의미와 물질의 관계를 이해하는 패러다임에 중대한 전환을 가져왔다."고 강조한다.[23] 여기서 버틀러의 작업을 자세히 논의할 수는 없지만, 헤일스의 책보다 몇 년 앞서서 1993년에 출간된 그의 『의미를 체현하는 육체』에는 특별히 주목해야 할 대목이 있다. 몸이 언어에 앞선다는 설정조차도 "의미화의 효과"라고 말하면서, 버틀러는 "몸의 물질성이 단순히 그리고 순전히 기표들로 환원될 수 있는 언어적 효과라는 뜻은 아니"라고 명시한다.[24] 그 이유는 바로 "기표의 물질성 자체를 무시"할 수 없기 때문이다.[25] "물질성과 의미화의 분해 불가능성indissolubility을 이해하는 일은 쉽지 않다."고 인정하면서, 버틀러는 "언어가 단순히 물질성을 지칭할 수 있는가, 아니면 언어도 물질성이 등장하게 한다고 말할 수 있는 조건인가?"라고 묻는다.[26] 후자의 경우에 물질성은 언어

---

22. Avril Horner and Angela Keane, *Body Matters* (Manchester, Manchester University Press, 2000), p. 1.

23. 같은 책, pp. 4~5.

24. Judith Butler, *Bodies That Matter* (London, Routledge, 2011), p. 6.

25. 같은 곳.

의 의미화에 필요한 "외부," 즉 의미에 속하지 않으면서도 의미화를 가능하게 하기 위해 만들어진 것으로, 그는 플라톤 철학에서 "여성"뿐만 아니라 "노예, 아이, 동물"들이 그러한 "외부"로서 "제외"되고 있음을 확인한다.[27] 따라서 버틀러가 해야 할 작업은 "이 필수적인 '외부'를 … 제외의 폭력이 반복적으로 극복되는 과정이 일어나는 곳으로 재편성하는 것"이라고 할 수 있다.[28] 하지만 동시에 버틀러는 "담론이 그 한계를 마주치는 공간으로서 이 외부를 보존"하는 일이 중요하다고 지적하고, 그러한 "재편성"으로 인해 물질성이 삭제되는 결과를 초래해서는 안 된다고 덧붙인다.[29]

　　버틀러의 양가적인, 어쩌면 모순적인 목표는 헤일스가 하고자 하는 바와 아주 닮아있다. "제외의 폭력"을 통해 언어가 계속해서 생산하는 것이 몸이라고 말하면서도, 동시에 그러한 생산물로서 몸을 이해할 수도 없고 그리고 이해하지도 말아야 한다고 주장하는 것이다. 과연 보존되어야

---

26. 같은 곳.
27. 같은 책, pp. 25, 21.
28. 같은 책, p. 25.
29. 같은 곳.

할 "외부"로서의 몸은 언어의 효과인가, 아니면 그 "외부"라는 효과로서도 포섭되지 못하는 무엇인가? 버틀러의 관심이 전자에 있음은 그가 던지는 질문에서도 짐작할 수 있다. 즉, 물질성을 언어가 어떻게 지칭하는가에 대한 질문을 던지면서 언어로 관심을 집중시키고 있는 것이다. 하지만 버틀러는 동시에 외부의 보존, 즉 언어의 효과로만 포섭할 수 없는 물질성에 대해서도 계속해서 고민한다. 이 고민은 바로 언어와 "외부"가 어떤 관계인지를 묻는 질문으로 이어진다. 즉, 물질성과 언어는 동질적인가 아니면 이질적인가? 헤일스의 포스트휴머니즘도 유사한 질문을 던진다. 다만 언어를 정보로 대체하며 포스트휴먼 시대에 맞는 질문으로 탈바꿈시킨다. 정보에 대한 사이버네틱스 논의에서 초반에는 정보가 무엇을 하는가라는 논의가 우세를 떨치면서 몸이 사라졌다면, 헤일스는 몸이 점차 재등장하는 과정을 추적하며 정보라는 "기표의 물질성을 무시"하지 말아야 한다고 답한다.

몸에 대한 양가적인 접근법을 따르는 헤일스에게 체현화는 단순히 몸이 있다는 주장을 의미하지 않는다. 그것은 포스트휴먼의 등장을 가능하게 한 테크놀로지, 특히 사이버네틱스의 존재를 부정하는 억측에 불과하다. 몸의 존재

자체가 목적이었다면, 애초에 포스트휴머니즘에 대해 논의하기보다는 몸이 왜 중요한지를 설명하면 되는 것이다. 그리고 그런 설명은 헤일스의 포스트휴머니즘이 등장하기 한참 전부터 모리스 메를로–퐁티Maurice Merleau-Ponty 같은 현상학자들에 의해 심도 있게 진행되어왔다. 이들에게 몸은 사회적·문화적·정치적·역사적 맥락에 따라 구성된 것이면서도, 동시에 그러한 맥락으로 완전히 설명되지 않기에 때로는 신비롭고, 때로는 저항적인 무언가로 존재한다. 만일 헤일스가 같은 방식으로 포스트휴머니즘의 체현화를 설명한다면 이전의 논의를 포스트휴머니즘 시대에 재사용하는 것에 불과하다. 더구나 비인간 존재가 더욱더 중요해지는 포스트휴머니즘에서 인간이 타고난 몸을 강조하기 시작하면, 그 논의는 또 다른 인간중심주의로 이어질 가능성이 있다. 이제 헤일스가 처한 난감한 상황의 윤곽이 보인다. 포스트휴먼의 창발을 야기한 테크놀로지를 적극 수용해야 하기에, 결국 그 기술의 전제인 정보로서의 몸, 가상으로서의 신체의 가능성을 거부할 수가 없다. 그 가능성을 거부한다면 포스트휴머니즘이라는 말도 무의미할 것이기 때문이다. 그렇다고 몸의 특수성을 고집할 수도 없다. 그렇게 되면 몸의 특수성을 부정하고 정신만 강조하는 트랜스휴머니즘만큼이나 본질론적인 입장에 서게 되고, 결국 또 다른 인간중심주의에 빠질 위험에 처하기 때문이다. 헤일스는 이처럼 난감한 상황을 무릅쓰고 포스트휴먼의 체현화를 역설하는 것이다. 그만큼 상황이 위급하다는 뜻이기도 하다. 그래서 나는 헤일스의 작업을 '몸부림'이라고 지칭한다. 다소 과도한 표현, 어쩌면 부적절한 표현인지도 모른다. 하지만 그의 작업을 촉발한 위급함, 그리고 책의 글자만으로는 잘 전해지지 않는 처절함을 전하고 싶은 마음에 감히 그 말을 사용하고자 한다.

『우리는 어떻게 포스트휴먼이 되었는가』에서 몸부림치며 본격적으로 포스트휴머니즘을 비판적 학문 분야로 발전시킨 헤일스의 작업은 이후에 점차 문학과 글쓰기 그리고 디지털 텍스트의 영역에 집중한다. 문학을 주 영역으로 삼는 이유는 문학에 대한 헤일스 자신의 신념 때문이다. 한 인터뷰에서는 "문학은 문화적 순간에 숨겨진 역학이 어떻게 작동하고 있는지를 논의하는 데 큰 도움을 줄 수 있습니다."라고 그는 평한다.[30] 물론 포스트휴먼 시대라는 "문화적 순간"에 작동하는 역학은 첨단과학에서 기인하고, 따라

---

30. Arthur Piper, "How We Became Posthuman," *Paragraph* 33.3 (2010), p. 320.

서 과학자들의 작업이 문화적으로 어떻게 영향을 주고받는지 탐색하는 일이 중요하다. 에블린 맥스 켈러Evelyn Max Keller나 산드라 하딩Sandra Harding처럼 페미니즘의 입장에서 과학철학을 전개하는 이들이나, 로버트 머튼Robert K. Merton이나 브뤼노 라투르Bruno Latour처럼 사회학적 입장에서 과학사회학·과학기술학을 연구하는 이들이 비슷한 작업을 해온 것은 사실이다. 하지만 이들의 작업에서 문학은 상대적으로 관심을 끌지 못했고, 당연히 과학자들에게도 그래왔다.

헤일스가 개탄하는 지점이 바로 여기다. 무엇이 과학연구에서 중요한가를 가늠하는 논의에 있어서 문학이 "강력한 자원"이라는 점을 과학자들이 간과한다고 지적하면서, 헤일스는 문학이 그러한 자원임을 확인시키고자 하는 것이다.[31] 하지만 상상력의 산물이자 정신의 보고로서 인간 존엄성을 보존한다는 이유로 문학을 중시하는 전통적 시각은 그에게 그다지 도움이 되지 않는다. 문학이 정말로 포스트휴먼 시대에 "강력한 자원"이 되려면 포스트휴먼의 체현화를 각인시켜주는 무언가가 되어야만 한다. 또 다른 인

---

31. 같은 글.

터뷰에서 "물질성과 의미를 함께 논의할 수 있는 이론적 담론을 가진다는 것은 무슨 의미일까요? 정신적이면서 동시에 신체적이고 전의식pre-conscious적으로 반응하는 독자·사용자의 체현과 텍스트의 체현을 연결시킨다는 것은 무슨 의미일까요?"라고 질문하면서, 헤일스는 "문학은 글자로만, 몸이 없는 언어적 구성물로만 존재했던 적이 단 한 번도 없었습니다."라고 주장한다.[32] 작품을 읽는다는 행위는 문학의 몸, 독자의 몸과 만나 물질적인 차원에서 상호작용을 하는 과정이라는 뜻이다. 이런 점에서 델 다우티Del Doughty가 헤일스의 『글쓰기 기계』에 대한 서평에서 던진 질문, "왜 우리는 물질성에 대해 더 듣지 못하는가?"는 그의 작업 전반에 대한 질문이기도 하다.[33] 앞서 언급한 인터뷰에서 헤일스는 문학의 물질성을 다루는 자신의 작업을 "테크노텍스트"technotext라는 용어를 통해 설명한다.

주어진 작품의 물질성이 무엇인지 정하는 일은 … 작가의

---

32. Lisa Gitelman, " 'Materiality Has Always Been in Play,' " *Iowa Journal of Cultural Studies* 2.1 (2002), p. 12.
33. Del Doughty, "Materiality is the Message," *Postmodern Culture* (2003), Web.

창조적 행위이고 동시에 사용자의 해석 행위입니다. 또한 여기에 컴퓨터에서 쓰고 실행된 텍스트에 대한 지능기계의 인지 속성cognitive properties도 참여합니다. 나는 이게 걱정할 이유라고 보지 않습니다. 물질성은 항상 존재해왔습니다. 심지어 작품을 비물질적인 언어 구성물이라고 단정하면서, 문학 비평에서 물질성을 비교적 억제했을 때도 그랬습니다. 물질성과의 상호작용을 전제로 한 작품들, 내가 "테크노텍스트"라는 용어로 부르는 작품들에서, 물질적 속성들은 텍스트에 의해서 활발하게 구성되며 의미작용에 참여합니다. 따라서 기호학적으로 보면, 그것들은 텍스트의 의미 생산과정에 중요한 구성요소입니다.[34]

컴퓨터를 통한 문학의 물질성에 대한 논의가 사이버네틱스를 통한 포스트휴먼의 체현화 논의와 결이 다르고, 어쩌면 범위가 좁혀진 것처럼 느껴질 수도 있다. 하지만 이는 포스트휴먼이 첨단과학으로 무장한 어떤 다른 존재라고 오판한 결과다. 헤일스가 처음부터 밝혔듯이 포스트휴먼은 이미 존재하고 있고, 그만큼 우리의 삶에 깊숙이 관여하고 있

---

34. Gitelman, " 'Materiality Has Always Been in Play,' " p. 9.

다. 그에게 문학의 물질성이 중요한 이유는 바로 우리가 이미 포스트휴먼이기 때문이고, 포스트휴먼으로 사는 우리의 "역학"을 드러내 보여주기 때문이다.

포스트휴먼의 몸부림

포스트휴머니즘 연구의 시작을 알린 『우리는 어떻게 포스트휴먼이 되었는가』에서 헤일스는 현대 과학문명, 특히 사이버네틱스의 발달에 초점을 두고 포스트휴먼의 생성을 설명하고 있다. 정보처리를 통해 시스템을 유지한다는 점에서 기계와 인간이 유사하다는 사이버네틱스 대부 노버트 위너의 생각은 정보화시대에 살고 있는 우리에게 그다지 놀랍지 않다. 헤일스의 포스트휴먼은 그렇게 변화된 우리 자신을 지칭하는 용어이고, 그의 책 제목에서 알 수 있듯이 그 변화는 앞으로 일어날 일이 아니라 이미 일어난 일이다. 그럼에도 불구하고 많은 이들이 변화를 받아들이지 못한다. 왜냐하면 그들에게 이런 변화는 인간이 기계의 수준으로 격하되었거나 아니면 기계가 인간의 수준으로 격상되었다는 의미이기 때문이다. 어떤 방향으로 진행되든지, 끊임없는 정보의 순환 속에서 열린 존재로 남게

된 인간에게 개별적이고 고정된 정체성은 더는 허용되지 않는다. 헤일스가 "자유주의적 인본주의의 주체"라고 일컫는, 근대 이후로부터 익숙해진 인간의 정체성을, 그리고 그 정체성이 고수하는 인간 정신의 우월성과 인간중심주의를 단번에 버리기는 당연히 힘들 것이다. 그렇지만 이미 포스트휴먼이 되어 버린 상황에서 사라진 정체성을 고수하는 일은 무의미하기도 하며, 무엇보다도 위험하다. 사람들은 가지지 못하는 것을 가지려고 할 때 비타협적으로 난폭하게 행동하기 때문이다.

헤일스를 괴롭히는 악몽은 그러한 위험의 한 예라고 할 수 있다. 그는 정신을 기계에 업로드할 수 있을 것이라는 한스 모라벡Hans Morvec의 제안을 듣고 몸서리친다. 헤일스는 모라벡이 1988년에 출간한 『정신의 아이들 : 로봇과 인간 지능의 미래』를 본 것이지만, 그 제안이 정말 무엇을 목표로 하고 있는지를 엿보기 위해서는 헤일스의 책과 같은 해에 출간된 그의 『로봇 : 단순한 기계에서 초월적 정신으로』를 참조해야 한다. 여기서 모라벡은 그렇게 기계에 업로드된 정신과 자유자재로 변형된 로봇 몸을 가진 이른바 "엑스 휴먼" 혹은 "엑스"Exes에 의해 "로봇의 시대"가 올 것이라고 예측한다.[35] 이 시대가 오면 인간은 육체의 제약을 벗어던진 자유로운 존재로 진화한다. 개인은 육체로 인한 질병이나 노화의 문제로부터 자유롭고, 인류는 식량이나 거주공간의 부족이라는 굴레에서 벗어날 것이다. 공기도 필요 없기에 우주나 심해에서도 무리 없이 살아갈 수 있고, 새로운 환경에 가장 적합한 신체를 자유롭게 만들어 쓰고 버릴 수도 있다. 더 나아가 모라벡은 종국에는 "로봇의 시대"가 끝나고 사이버스페이스에서 몸 없이 살아가는 "정신의 시대"The Age of Mind가 올 것이라고 말한다.[36] 어찌 보면 매력적인 제안일 수도 있다. 그리고 그 매력에 이끌려 다양한 실험과 상상을 하는 이들은 통상적으로 트랜스휴먼이라고 불린다. 물론 트랜스휴먼은 타고난 몸을 버리기보다 생명공학과 의료기술을 통해 몸을 최적의 상태, 즉 어떠한 환경에서도 노화나 질병으로부터 자유롭게 만들려는 이들도 포괄하는 용어다. 한쪽은 몸을 버리고, 다른 쪽은 버리지 않는다. 하지만 이 상반된 모습 이면에는 정신을 위해 몸을 파괴하거나 버리거나 아니면 개조할 수도 있다는 폭력성과 그러한 폭력을 감수하겠다는 일관된 태도가 도사리고 있다. 어쩌면 헤일스의 악몽은 트랜스휴먼이 되지 않

---

35. Hans Moravec, *Robot* (Oxford, Oxford University Press, 1999), p. 144.
36. 같은 책, p. 165.

겠다는 포스트휴먼의 몸부림이 아닐까?

분명 **몸부림**이 맞다. 헤일스는 사이버네틱스로 인한 인간의 정보화, 즉 탈체현화disembodiment에 맞서 몸을 지키고 체현화를 유지하려 하기 때문이다. 그는 "자유주의적 인본주의의 주체의 해체가 사이버네틱 주체에 대한 최근의 논의에서 계속해서 사라져가는 몸을 복귀시킬 수 있는 기회"임을 명시한다.[37] 하지만 헤일스가 정보화 시대에 맞지 않게 무조건적으로 몸을 유지해야 한다고, 인간은 무조건 몸이 우선이라고 주장하는 것은 아니다. 그런 본질론적인 주장은, 무조건 정신이 먼저라고 하는 모라벡의 제안과 마찬가지로 인간중심주의를 전개하는 것이기 때문이다. 만일 그렇다면 정보화 시대에 어울리는 모라벡의 제안이 오히려 더 합리적으로 들린다. 사이버네틱스가 만들어낸 정보화 시대에 맞는 몸을 찾아야 하는 난제가 헤일스에게 던져진 것이다.

사이버네틱스의 발전과정을 촘촘히 따라가면서 헤일스는 이 난제를 풀어나간다. 이 과정은 세 단계로 나누어져 있으며, 각 단계는 다음의 주제어로 정리할 수 있다. 항

---

37. N. Katherine Hayles, *How We Became Posthuman* (Chicago, University of Chicago Press, 1999), p. 5.

상성homeostasis, 오토포이에시스autopoiesis, 창발emergence이다. 혹은 몸과 관련지어서 세 단계를 재정리하자면 "정보의 (사라진) 몸, 사이보그의 몸, 포스트휴먼의 몸"이라고 할 수 있다.[38] 사이버네틱스 이론의 발달에 따른 이 세 가지 형태의 몸은 기존의 "현존/부재"가 아닌 "패턴/우연"으로 이해된다는 공통점을 가진다.[39] 즉, 물질이 아닌 정보를 몸의 기본 구성단위로 보기에, 정체성은 있고 없고의 문제가 아니라 어떤 패턴을 유지하는가 아닌가의 문제로 전환된다. 이를 근거로 헤일스는 몸에 대한 논의와 텍스트에 대한 논의가 한자리에서 이루어질 수 있다고 주장한다. 그러나 더 중요한 점은 "패턴/우연의 변증법이 물질세계를 지우지 않는다."는 사실이다.[40] 그 어떤 "정보"도 "물질적 기반구조"가 없이는 불가능하고, 따라서 "[몸의] 삭제라는 환상은 논의의 주제이지, 그 논의가 당연하게 받아들이는 전제가 아님"을 잊지 말아야 하는 것이다.[41] 이처럼 포스트휴먼의 도래로 "물질성과 비물질성은 복잡한 긴장 관계 속에서 서로 얽히

---

38. 같은 책, p. 21.
39. 같은 책, p. 28.
40. 같은 곳.
41. 같은 곳.

고, 그 결과 흥분과 강한 우려를 유발"할 것이라고 헤일스는 진단한다.[42]

물질성과 비물질성의 조합으로 생겨난 "복잡한 긴장"의 시공간이 바로 헤일스의 몸부림이 일어나는 곳이다. 첫 번째 단계인 항상성의 시대에는 시스템의 항상성을 유지하기 위해서 물질의 이질적이고 우연적인 영향이 제거된 몸을 지향했다면, 두 번째 오토포이에시스 시대에는 시스템의 적응성을 향상시키기 위해서 그러한 물질성을 수용하고 통제할 수 있는 사이보그 몸을 상정했다. 이렇게 시스템을 위해 물질성이 제거되거나 혹은 통제할 수 있는 무언가로 전환되어야 한다는 논리는 몸의 외부 환경뿐만 아니라 몸 자체에도 적용되었다. 즉, 몸은 물질성이 제거된 탈체현적 존재거나 혹은 정신에 종속되어 완전히 통제 가능한 도구로 전락했다. 하지만 세 번째 단계인 창발의 시대에는 시스템이 예측할 수 없는 물질성에 탄력적으로 반응하고 변화할 수 있도록 몸이 가진 물질성을 회복시키는 것이 중요해진다. 바로 포스트휴먼 몸이 필요해진 것이다. 포스트휴먼의 몸은 사이버네틱스와 단절된 것이 아니라, 오히

---

42. 같은 책, p. 43.

려 물질성에서 나오는 정보에 반응하기 위해 정보처리 능력을 극대화한 시스템이다. 따라서 단일하지 않은 "이중 시각"double vision이 필요하게 된다. 이 시각으로 "시뮬레이션의 힘과 그 힘을 생산하는 물질성을 동시에 볼 수 있고," 그 결과 "포스트휴먼 구성체와 체현화된 실재를 함께" 논의하는 것이 왜 중요한지 이해할 수 있기 때문이다.[43] 포스트휴먼 시대에 "체현화된 가상현실"이 인간의 주 환경이라는 점은 분명하고, 따라서 체현화는 사라지는 듯이 느껴질 것이다. 하지만 이 과정에서 반드시 유념할 점은 그렇게 파괴된 것은 교체될 수 없다는 사실이다.[44] 그렇기에 사이버스페이스가 약속하는 가능성을 받아들이면서도, "교체될 수 없는 물질세계의 연약함을 우리 모두 기억"하는 것이 중요하다고 헤일스는 역설한다.[45] 하지만 중요성을 이해한다고 행동으로 이어질까? 헤일스의 논의를 따라가다 보면, 그리고 인공지능, 가상현실, 생명공학 등에 열광하는 현실을 생각하면, 이런 의구심을 피할 수가 없다. 그렇기에, 적어도 내게는 이따금 그의 논의가 주장보다는 애청에 가깝게 들리는

---

43. 같은 책, p. 47.
44. 같은 책, pp. 48~49.
45. 같은 책, p. 49.

지도 모르겠다.

물론 애청처럼 들린다고 헤일스의 몸부림이 감정적 호소에 불과하다는 의미는 아니다. 수십 년 동안 사이버네틱스의 발전을 주도한 〈메이시 학회〉의 역사를 헤일스는 항상성, 오토포이에시스, 창발이라는 주제어로 정리하며 꼼꼼히 분석한다. 그의 작업은 "언제 그리고 어디서 정보가 탈체현적 매체로 구성되었는가? 연구자들은 어떻게 해서 인간과 기계가 한 꺼풀 벗기면 형제라고 믿게 되었는가?"라는 질문으로 시작한다.[46] 두 질문이지만 사실 하나의 질문이나 다름없다. 몸이 제거된 것으로 정보를 상정해야만, 인간과 기계라는 서로 다른 시스템 사이를 자유롭게 오가는 것이라고 설명할 수 있기 때문이다. 결과적으로 몸은 자연스럽게 부수적인 것, 심하게는 불필요한 것으로 간주되고 만다. 하지만 헤일스는 사이버네틱스의 역사를 되돌아보며 이 과정이 결코 자연스럽지 않았음을, 몸이 항상 필요했음을 밝히고자 한다.

첫 번째 〈메이시 학회〉에서 섀넌과 위너가 제안한 이론이 정보와 의미를 분리시키고 있다는 사실에 주목하면

---

46. 같은 책, p. 50.

서, 헤일스는 그 이면에 숨겨진 의도를 지적한다. 정보가 물질성에 영향을 받지 않고, "콘텍스트"가 변한다고 하더라도 항상 "동일한 가치"를 유지할 수 있게 하려는 의도가 숨겨져 있는 것이다.[47] 쉽게 말해서, 그들은 정보를 몸이 없는 비물질적인 것으로 정의하려 한다. 물론 여기에 동의하지 않는 이도 있었다. 영국의 연구자인 도널드 맥케이Donald McKay는 메시지의 수용자가 처한 콘텍스트에 따라 그 의미가 달라질 수 있기에 정보의 가치가 수용자의 콘텍스트에서 자유롭지 않음을 (그리고 결과적으로 이 과정을 지켜보는 관찰자도 콘텍스트에서 자유롭지 않음을) 보여주었다고 헤일스는 기록한다.[48] 섀넌과 위너의 이론이 정보에 집중한 반면에, 맥케이의 이론은 "반영성, 정보, 의미 사이의 삼각관계"를 그렸다.[49] 정보에 관한 이 상반된 입장은 이후에 다가올 사이버네틱스의 변화와 그 결과를 미리 알린다는 점에서 중요하다. 니콜라스 찬느Nicholas Tzannes의 "중요한 관찰"에 따르면, "섀넌과 위너는 정보가 무엇인가라는 측면에서 정의한다면, 맥케이는 그것이 무엇을 하는가라는

---

47. 같은 책, p. 53.
48. 같은 책, p. 55.
49. 같은 책, p. 56.

측면에서 정의한다."[50] 찬느의 관찰에 헤일스는 다음의 말을 덧붙인다.

> 콘텍스트에서 벗어난 정보는 햇빛처럼 무게가 없는 수학적 양이 되고, 순수한 확률의 고귀한 차원에서 움직이며, 몸이나 물질적 실체에 묶이지 않는다. 이러한 보편성을 위해 재현으로부터 단절되는 희생을 치른다. 맥케이의 모델처럼 정보가 재현적이 되면 사물이 아니라 행동으로 개념화된다. 동사처럼 정보는 누군가가 일으키는 과정이 되고, 따라서 필연적으로 콘텍스트와 체현화를 포함한다. 반면 체현화를 위해서는 수량화의 어려움과 보편성의 상실을 감수해야 한다.[51]

이처럼 섀넌과 위너에게는 정보의 "항상성"이 중요하고, 맥케이에게는 "반영성"이 중요하다. 헤일스에 따르면 후자의 이론이 수학적으로 증명하기 어렵다는 점을 포함한 복합적인 이유로 위너의 이론이 우위를 점했고, 그 결과로 정보는 "탈체현적 매체"로 알려지게 되었다.

---

50. 같은 곳.
51. 같은 곳.

섀넌과 위너의 이론에서 정보가 탈체현적 매체가 된 이유를 찾을 수 있다면, 두 번째 질문인 인간과 기계의 동질성은 워렌 맥컬록Warren McCulloch과 월터 피츠Walter Pitts가 제안한 뉴런 모델에서 답을 찾을 수 있다고 헤일스는 설명한다. 물론 여기에는 논리적 비약을 감수해야 하는 문제가 따른다. 비교적 단순한 뉴런 모델, 즉 정보처리 기계처럼 이진법 논리로 작동하는 모델에 기반해서 인간의 복잡한 사고와 인지를 설명해야 하는 것이다. 헤일스는 맥컬록과 같은 자연과학자들도 "모델을 은유적으로 사용하여 비교적 단순한 신경 회로와 체현된 경험의 복잡성을 연계시키는 경향"을 보였다고 설명하면서, "이 과정에서, 회로의 탈체현적 논리적 형식이 수사학적 모델의 결과가 아닌 그 모델의 효율성의 원인으로 변형되었다."고 지적한다.[52] 이처럼 원인과 결과가 뒤바뀐 이른바 "플라토닉 백핸드"Platonic backhand에 의해, "체현적 현실은 논리적 형식의 깔끔한 개념들을 따르는 모호하고 지저분한 실체"로 간주되었다.[53] 즉, 몸에 해당하는 체현적 현실은 깔끔한 논리를 방해하는, 따라서 정리되거나 제거되어야 할 대상이 되고 만 것이다. 결국 "구

52. 같은 책, p. 57.
53. 같은 곳.

체적 메커니즘 이전에 존재하였으나, 이후 메커니즘 내에 불완전하게 실현된 것처럼 [뉴런 이론을] 제시하는 맥컬록의 '백핸드 스윙'"으로 인해, 뉴런 이론은 마치 완전함의 보고가 된 듯한 힘을 가지게 되었다.[54] "경험적 인식론"에 충실한 학자로서 맥컬록은 뒤늦게 이러한 "백핸드 스윙"을 거부하고, "이론적 명제, 뉴런 모델, '물리적으로 실재하는' 네트" 간의 차이를 모두 인정하려고 했지만 소용이 없었다.[55] 〈메이시 학회〉 참가자들이 맥컬록의 (그리고 피츠의) 뉴런 이론에서 기대한 것은 "인간과 기계의 동질성" 확보였기 때문이었다.

1차 사이버네틱스 물결에서 정보의 탈체현화 이론은 정보처리 시스템으로서의 인간과 기계의 동질성을 유도하였다. 그러나 사이버네틱스의 창시자인 위너는 1차 물결의 결과로 인간과 기계의 경계가 사라지는 것에 대해 걱정하며 전향적인 행보를 보여주었다. 그가 "인간과 기계를 동등하

---

54. 같은 책, p. 60.

55. 같은 책, p. 62. 논리적 형식과 구체적 실체화를 모두 이끌고 가기 위해서 맥컬록은 "이론들이 다층적"이라는 점을 강조하면서, 어떤 단계에서는 둘의 간극이 크지만 또 다른 단계에서는 간극이 없다고 설명했다(같은 책, 61). 간극을 좁히기 위해서 "콘텍스트를 통제"하는 시각을 구성해야 한다고 강조하면서, 맥컬록-피츠의 뉴런 이론은 궁극적으로 "인간 존재를 정보 패턴으로 보기 위한 중추적인 첫걸음"이 되었다(같은 책, 61).

게 하는 새로운 방식을 구상하면서도 … 자유주의적 인본주의 가치를 강하게 옹호하였다."고 헤일스는 지적한다.[56] 위너는 인간과 기계의 경계를 무너뜨리는 사이버네틱스의 작업이 유비적analogical이며, 무엇보다도 "경계가 없다면 비유에 의해 만들어진 연계는 혁신적인 영향력을 잃게 될 것"이라는 점을 강조했다.[57] 그에게 사이버네틱스는 "본질이 아니라 관계에 대한 것"이며, 사이버네틱스의 "유비적 관계"는 접근할 수 없는 실재를 이해하고 의미를 양산하기 위해 우리가 만들어낸 일종의 시스템이다.[58] 즉, 이 관계의 목적은 인간을 변화시키는 것이 아니라 기계라는 시스템에 대한 인간의 통제력을 높이는 데 있다. 사이버네틱스로 경계가 흐려진다고 해서, 인간이 통제받는 역방향으로 흘러서는 안 된다는 것이다.

하지만 본인이 정립한 사이버네틱스 이론의 시각에서 보면, 위너의 생각은 과학적이라고 할 수 없다. 헤일스가 이 역설에서 감지하는 것은 바로 위너의 윤리관이다. 즉, "좋은 사이버네틱스는 자주적인 자유주의적 주체를 강화시키

---

56. 같은 책, p. 85.
57. 같은 책, p. 93.
58. 같은 책, p. 97.

고, 나쁜 기계는 주체의 자주성을 폄하하거나 파괴한다."는 인본주의적 윤리관이 드러나는 것이다.[59] 하지만 위너의 바람과는 달리 사이버네틱스는 역방향으로 나아가며 인간과 인간사회를 변화시키기 시작했다. 결국 그는 "자연과학과 사회과학이 합쳐질 수 있다는" 생각을 오판이라고 인정하며, 사이버네틱스는 "자연과학"에만 국한되어야 한다고 호소할 수밖에 없었다.[60] 그러나 사이버네틱스가 엄청난 매력을 발산하던 현실에서 위너의 호소에 귀 기울이는 이는 별로 없었다. 결국 헤일스가 말하듯, 사이버네틱스의 "아버지조차도 혼자서는⋯ 문화를 통해 온갖 종류의 난잡한 커플링[결합]으로 전파되는 사이버네틱스가 그 과정에서 어떤 의미를 가질지 통제할 수 없었다."[61]

하지만 위너의 우려가 완전히 실현된 것은 아니었다. 맥케이의 반영성과 맥컬록의 경험적 인식론이 완전히 사라지지 않고 사이버네틱스의 2차 물결에서 다시 등장하면서 경계가 다시 논의의 중심이 된 것이다. 생물학자인 움베르

---

59. 같은 책, p. 100.
60. 같은 책, p. 111.
61. 같은 책, p. 112 ; 위너와 사이버네틱스의 복잡한 관계에 대해서는 필자의 "A Cybernetic Limbo in Bernard Wolfe's *Limbo*," 『미국소설』 22.2 (2015), pp. 415~441 참조.

토 마투라나Humberto Maturana와 프란시스코 바렐라Francisco Valera의 연구를 통해 주목받게 된 "오토포이에시스" 개념은 시스템의 내부와 외부 사이의 기능적 경계를 재정립했다. 마투라나와 바렐라는 "신경 시스템의 행동이 시스템의 구성에 의해 결정된다면, 그 결과는 순환적이고, 자기반영적인 역학이다."라고 주장했다.[62] 다시 말해서, 마투라나의 설명에 따르면, "신경 시스템의 활동은 신경 시스템 자체에 의해 결정되는 것이지, 외부 세계에 의해 결정되는 것이 아니다. 따라서 외부 세계는 단지 신경 시스템이 내부적으로 결정한 활동을 유발하는 방아쇠 역할을 할 뿐"이다.[63] 시스템의 내부와 외부가 연결되어 있지만, 외부로부터의 자극은 시스템의 자체적인, 즉 자기반영적인 신호로 전환되어 내부에서만 순환한다. 그 결과 시스템의 독자성을 담보하는 경계가 유지되는 것이다.

오토포이에시스 이론으로 경계가 다시 주목받으면서 위너의 고민은 또 다른 방식으로 전개되었다. 즉, 하나의 "오토포이에시스 단일체"가 더 거대한 "오토포이에시스 단일체" 내부에 들어간 경우에 경계를 어떻게 설정하는가라

---

62. Hayles, *How We Became Posthuman*, p. 136.
63. 같은 곳.

는 의문이 생긴 것이다.[64] "타자생산"allopoietic이라는 용어로 마투라나는 이 논의를 풀어 가는데, "오토포이에시스적 단일체는 오토포이에시스의 지속적 생산만을 유일한 목표로 삼지만, 타자생산적 단일체는 자신의 구조를 생산하는 것 이외에 다른 목표도 갖는다."[65] 헤일스는 자동차를 예로 들면서 차를 운전하는 "나는 오토포이에시스적으로 기능하지만," 목적지를 향해가는 "자동차는 타자생산적으로 기능한다."고 구분한다.[66] 운전자의 오토포이에시스 자체에 대한 의문이 이후 사이버네틱스의 3차 물결에서 제기되지만, 적어도 2차 물결의 오토포이에시스 이론은 시스템의 독자성을 보장함으로써 위너의 걱정을 덜어내고 자유주의적 인간 주체를 사이버네틱스 내에 유지할 수 있는 기반을 마련한 듯이 보였다.

오토포이에시스 이론이 자기반영적 시스템에 독자성을 가져다준 것처럼 보였지만, 위너의 바람과는 달리 실제로는 인간 주체의 우월성을 주장할 근거를 해체하는 결과로 이어졌다. 물리적 세계에 대한 우월성을 보장하던 인간의 의

---

64. 같은 책, p. 141.
65. 같은 곳.
66. 같은 곳.

식도 시스템의 기능적 산물이라고 해야 하기 때문이다. 그래서 마투라나에게 "의식은 오토포이에시스적 개체로서의 인간에게 결정적인 특징이라기보다는 부수현상"이고, 따라서 "오토포이에시스 과정 전반에 비추어보면 일부일 뿐"이었다고 헤일스는 설명한다.[67] 이처럼 오토포이에시스 이론은 "자주성과 개인주의보다 의식에 더욱더 주변적인 역할을 부여한다."는 점에서 위너의 바람에 역설적인 결과를, 즉 인간이라는 시스템은 보존하지만 그 시스템의 고유한 우월성의 근거는 삭제하는 결과를 가져왔다.

위너의 윤리관에 대해서 역설적인 결과를 가져온 오토포이에시스 이론에서 헤일스가 특히 주목하는 점은 특히 인간 의식이 시스템에서 기인한다는 설정이다. 의식을 부수현상으로 만듦으로써 자유주의적 인본주의의 주체를 기초부터 흔들어놓았다는 점에 주목하는 것이다. 헤일스가 오토포이에시스 이론이, 더 나아가 사이버네틱스 2차 물결이 "포스트휴먼을 지향"한다고 판단하는 이유다.[68] 의식이 부수현상으로 축소됨으로써, 인간이라는 시스템을 규정하는 과정에 체현화가 들어갈 틈이 생긴 것이다. 하지만 헤일

---

67. 같은 책, p. 165.
68. 같은 곳.

스는 여기서, 2세대 사이버네틱스와 같은 시기에 인문학과 사회학 분야에서 등장한 미셸 푸코의 후기구조주의와 포스트모더니즘을 구분해야 한다고 말한다. 초기의 사이버네틱스가 정보에서 몸을 제거했던 것처럼, 후기구조주의와 포스트모더니즘에서 "몸의 물질성은 몸이 코드화하는 논리적 혹은 기호학적 구조에 비해 부수적인 것"으로 치부되었다.[69] 즉, 담론을 작동시키는 언어라는 시스템을 강조하다 보니, 몸의 물질성은 그 시스템의 부수현상으로 사그라져버린 것이다. 반면 몸의 물질성을 보존하려는 헤일스의 입장에서 보면 "열정적으로 몸이 사라진다고 주장하는 이론가들조차 물질적이고 문화적인 환경 내에서 일한다."는 모순을 지나칠 수가 없다.[70] 다시 말해서, "몸의 비물질화는, 바로 그 비물질화의 이데올로기가 숨기려고 하는 체현화된 환경에 복잡하고 매우 특수한 방식으로 의존"해야만 하는 모순에 빠져 있는 것이다.[71]

앤드류 피커링Andrew Pickering은 헤일스가 논의하는 "시대정신은 헤일스 자신을 포함해 같은 상황에 처한 행위자

69. 같은 책, p. 192.
70. 같은 책, p. 193.
71. 같은 곳.

들에 의해 계속해서 만들어지고 해체된다."고 지적하면서, 그를 포스트모더니즘과 연결시킨다.[72] 하지만 앞서 언급한 것처럼 헤일스는 그러한 연결을 거부한다. 그에게 몸의 물질성은 "만들어지고 해체"되는 주관적 활동의 결과가 아니라 항상 존재하는 객관적 사실이기 때문이다. 비물질화의 이데올로기를 극복하고 몸의 물질성을 객관적 사실로 자리매김하기 위해서, 헤일스는 몸보다는 체현화라는 용어를 선호한다고 말한다. 그 이유는 "체현화가 콘텍스트에 따라 다르며, 장소, 시간, 생리, 문화의 세부사항에 휘말린" 반면에, "몸은 플라톤적인 실재에 가까운 이상화된 형태"이기 때문이라고 헤일스는 설명한다.[73] 하지만 헤일스가 설명하는 것처럼 몸이 그렇게 추상적인 말인지 의문이 든다. 더구나 21세기 들어 몸의 물질성에 대한 논의가 다양해지는 상황에서, 과연 헤일스의 구분이 적절한지도 의문이다. 콘텍스트를 판명하는 요소들이 흔히 이데올로기나 역사적 혹은 사회적 담론으로부터 유입된다는 점을 감안한다면, 오히려 체현화가 협소하다는 느낌이 들기도 한다. 다만 몸이 전통적으로 자유주의적 인본주의 정신에 종속된 것으로

---

72. Andrew Pickering, Review, *Technology and Culture* 41. 2 (2000), p. 392.
73. Hayles, *How We Became Posthuman*, p. 196.

여겨졌다는 사실을 고려하면, 포스트휴먼의 몸을 체현화로 표현하기로 한 헤일스의 결정을 이해할 만하다.

체현화로 몸부림의 방향을 잡은 헤일스는 이제 포스트휴먼의 가능성이 실현된 사이버네틱스의 3차 물결을 논의할 준비가 된 듯하다. 오토포이에시스가 "순환적 과정"을 따른다면 3차 물결은 "나선"에 가깝다고 묘사하면서, 헤일스는 "3차 물결에서 중요한 것은 시스템이 새로운 방향으로 진화하도록 만드는 것"이라고 소개한다.[74] 1994년에 열린 제4차 〈메이시 학회〉는 인공생명AL, Artificial Life에 집중했다. "AL 실체화의 목표는… 삶의 자연적인 형태와 과정을 인공적 매체에 주입시키는 것이다."라는 진화생물학자 토마스 레이Thomas S. Ray의 말을 인용하면서, 헤일스는 "어떻게 해서 20세기 후반에 컴퓨터 코드가 살아있다고 ─ 살아있을 뿐만 아니라 자연적이라고 믿거나, 아니면 적어도 그렇게 믿는다고 주장할 수 있게 되었는가?"라고 묻는다.[75] 질문에 답하기 위해 인공생명 연구와 그와 관련된 이야기들이 어떻게 "생명," "자연," "인간"을 정의하는지를 살펴보면서 헤일스가 주목하는 개념은 바로 창발emergence이다. 인

---

74. 같은 책, p. 222.
75. 같은 책, p. 224.

공생명 소프트웨어의 "아이디어는 몇 개의 단순한 로컬 규칙으로 시작하고, 그리고 매우 회귀적인 구조를 통해 자연스럽게 복잡성이 창발하게 만드는 것이다."[76] "창발은 속성이나 프로그램이 스스로 생겨나며, 종종 시뮬레이션을 만든 사람이 예측하지 못한 방식으로 발전하는 것을 의미한다."고 정의하면서, 헤일스는 다음과 같이 정리한다. "창발로 이어지는 구조는 전형적으로 복잡한 피드백 루프를 가지고 있으며, 이 루프 내에서 시스템의 출력은 반복적으로 입력으로 재진입한다. 회귀적 루핑이 지속되면서 작은 편차가 급속하게 확대되고, 창발과 연결된 복잡한 상호작용과 예측할 수 없는 진화로 이어진다."[77]

창발에 따르면, "진화"나 "생명" 같은 용어는 기계의 작동을 유비적으로 묘사하는 것이 아니라, 작동 자체를 표현한다. 자연적인 것과 인공적인 것을 구분하기가 힘들어진다는 의미이고, 모라벡이나 로드니 브룩스Rodney Brooks 같은 로봇공학자·미래학자들이 인공생명과 결합된 인간의 미래를 꿈꿀 수 있는 토대를 마련한다. 하지만 헤일스의 입장에서 모라벡의 작업은 인간 지능에 버금가는 기계 지능

---

76. 같은 책, p. 225.
77. 같은 곳.

을 만들려는 목표를 갖고 있으며, 이는 정신을 우위에 둔다는 점에서 "인간이 기준"이다.[78] 반면에 브룩스 같은 인공생명 연구자들은 "'창조물'이 스스로 찾은 경로를 통해 기계 내에서 지능을 진화시키도록 한다."[79] 따라서 "인간 의식은 분산된 시스템이 실행하는 기계적 기능으로 생기는 부수현상의 하나로 이해"되고, 결국 "인공생명 패러다임에서 기계는 인간을 이해하는 데 필요한 모델이 된다. 따라서 인간은 포스트휴먼으로 재형성된다."고 헤일스는 선언한다.[80]

이처럼 인공생명의 진화에 맞춰 인간이 공진화하면서 등장한 것이 포스트휴먼이다. 헤일스는 인공생명과 포스트휴먼이 살아가는 새로운 세계를 "계산적 우주"computational universe라고 부른다.[81] 하지만 "계산적 우주"에서 살아간다고 해서 "다른 모든 것보다 정보를 우선시하는 이데올로기"에 종속될 필요는 없다.[82] 왜냐하면 "정보는 사회적으로 구성된 개념"이기에, "정보가 몸을 잃었다고 하더라도 인간과 세계가 그럴 필요는 없"기 때문이다.[83] "계산적 우주"

---

78. 같은 책, p. 238.
79. 같은 책, p. 239.
80. 같은 곳.
81. 같은 곳.
82. 같은 책, p. 244.

에서도 몸부림은 계속된다는 의미이다. 그렇다면 포스트 휴먼은 어떻게 몸부림치는가? 헤일스는 "감정은 몸이 자신의 구조와 계속해서 변화하는 상태를 정신에게 알리는 방식이다."라는 안토니오 다마지오Antonio Damasio의 말에 착안해서 여기에 답한다.[84] "체현화의 특수함"을 유지하려면 감정을 통해 들려오는 "몸으로부터의 아우성"murmurs from the body에 귀 기울여야 한다.[85] 인공생명과 가상현실이 몸을 지우는 듯이 보이지만, 어쩌면 그렇기에 몸은 그 어느 때보다 더 절실히 아우성치고 있는지도 모른다. 몸부림에 집중해야만 하는 이유다.

책을 마무리하며 헤일스는 다시금 왜 이 "몸으로부터의 아우성"을 들어야 하는지, 즉 왜 몸부림에 집중해야 하는지를 설명한다. 이를 위해 그는 포스트휴먼이 유발하는 두 가지 감정인 공포와 즐거움에 주목한다. 공포는 포스트휴먼을 종말론적이거나 반인간적anti-humanist인 존재로 보는 데서 기인한다.[86] 반면 즐거움이 생기는 이유는 인간이

---

83. 같은 곳.
84. 같은 곳.
85. 같은 책, p. 245.
86. 같은 책, p. 283.

무엇인가를 고민하는 데 있어서 포스트휴먼으로부터 "새로운 방식"을 얻기 때문에, 즉 인간과 기계 사이의 인터페이스가 가능해짐으로써 필연적으로 발생하는 개념과 행동의 변화가 고민의 "자원"이 되기 때문이다.[87] 물론 헤일스와 다른 입장인 사람들은 정반대로 느낄지도 모른다. 반인간적 가능성에서 해방감을 느끼고, 또 다른 인간 개념의 등장을 두려워할 수도 있다. 이처럼 다양하고 때로는 모순적인 감정들을 헤일스가 자세히 들여다보고 있지는 않은 듯하다. 자신이 책을 시작하면서 언급했던 모라벡과 같은 이들에 대한 공포가 강해서인지, 아니면 포스트휴먼을 통해 하고 싶었던 이야기를 한다는 즐거움이 강해서인지는 알 수 없다. 하지만 헤일스에게 중요한 점은 공포와 즐거움 모두 포스트휴먼 시대라는 현실이 이미 시작했음을 알린다는 것이다. 그렇기에 "포스트휴먼이 무엇을 의미하는지 논쟁하기에 가장 적절한 시기는 바로 지금"일 수밖에 없다고 말하는 것이다.[88] 공포에 질리거나 즐거움에 도취되어 단 하나의 현실, 단 하나의 미래에 집착하지 않는다면, "우리는 지구와 우리 자신을 공유하는 다른 생물체들, 생물적인 것과

---

87. 같은 책, pp. 285, 287.
88. 같은 책, p. 291.

인공적인 것을 아우르는 모든 생명체들과 인간의 장기적 성장에 도움이 될 수 있는 다른 미래를 만들어 낼 수가 있다."고 헤일스는 믿는다.[89] 헤일스의 몸부림은 바로 그런 미래를 포스트휴먼에게 남겨주고자 하는 절실함의 표현이다.

텍스트의 몸

사이버네틱스의 세 물결을 따라가며 포스트휴먼의 체현화의 가능성과 중요성을 논의한 『우리는 어떻게 포스트휴먼이 되었는가』에서 문학작품은 주로 체현화 논의가 어떻게 재현되는지를 보여주기 위해서 다루어진다. 따라서 헤일스의 분석은 주로 작품의 인물과 내용에 초점을 맞추고 있다. 하지만 헤일스가 이 책의 이전과 이후 꾸준하게 해온 작업은 오히려 포스트휴먼의 체현화가 아니라 문학의 체현화에 집중하고 있다. 그런 점에서 『우리는 어떻게 포스트휴먼이 되었는가』에 이어 2005년에 출판된 『나의 어머니는 컴퓨터였다』는 헤일스가 테크놀로지의 발달과 문학의 체현화에 대한 작업으로 본격적으로 복귀했음을 알리는

---

89. 같은 곳.

책이다. 이 책의 서문에서 그는 두 책 사이에 출간한 매우 짧은 『글쓰기 기계』[90]와 마찬가지로 "체현과 정보의 이진법적 대결 구도에서 벗어나 문학 텍스트의 물질성을 적극적으로 포용함으로써 이러한 아이디어를 컴퓨테이션[계산]과 텍스트성으로 넓히고 깊이를 더하는 경로"를 밟아가고 있음을 밝힌다.[91]

다소 충격적인 책의 제목은 "어머니 같은 대자연"Mother Nature에서 "계산적 우주"로 인간의 생활환경이 변화했음을 각인시키는 역할을 한다. 이 책에서 헤일스는 그 결과로 태어나는 새로운 주체성, 즉 컴퓨터를 모체로 한 디지털 주체의 성격을 탐색하고자 한다. 물론 이 탐색은 앞선 책에서 인공생명을 논의하면서 제안했던 것으로, 헤일스의 작업이 일관된 경로로 진행하고 있음을 보여준다. 그렇지만 다양

---

90. 헤일스는 "전통적 문학 비평 경향에서 시작해 테크놀로지에 대한 나의 오랜 관심을 문학적 관점에서 신중하게 고민하는 경향으로 이동"했던 "10여 년간의 여행을 코드화한 기록"이라고 책을 소개한다(N. Katherine Hayles, *Writing Machines* [Cambridge, MIT Press, 2002], p. 7). 다시 '물질성'을 강조하면서 그는 문학 연구에서 물질성이 "중심이어야 한다"고 주장하고, 만일 그렇지 못하면 "정보기술의 영향 아래 문학이 어떻게 변화하는지에 대한 견고하면서도 뉘앙스가 있는 설명을 만들 희망이 거의 없다."고 경고한다(같은 책, 19).

91. Hayles, *My Mother Was a Computer* (Chicago, University of Chicago Press, 2005), p. 8.

한 인공생명의 개체보다, 특히 첨단 테크놀로지로 만들어진 개체보다, 여기서 헤일스가 주목하는 것은 문학 텍스트다. 문학 텍스트가 중요한 이유는 "문학이 다른 어떤 담론 형태보다 시뮬레이션처럼 기능하고, … 문학 텍스트는 우리가 실수로, 또는 진짜로 우리와 유사하다고 여기는 생명체들로 가득한 상상의 세계를 창조하기" 때문이라고 헤일스는 설명한다.[92] 하지만 컴퓨터 시뮬레이션과 문학적 내러티브는 그 태생이 다르기에 둘 사이의 교류는 "인간의 생명세계와 엄청난 수학적 계산으로 만들어진 (비교적) 비인간적인 세계 사이의 변증법적 관계"가 형성됨을 뜻한다.[93] 헤일스는 이러한 관계를 "중개intermediation, 즉 서로 다른 형태의 미디어 사이에서뿐만 아니라 신체와 텍스트 간에도 발생하는 복잡한 거래"라고 명명한다.[94]

헤일스의 책이 하고자 하는 작업은 바로 이 "중개"를 들여다보고 정리하는 것이다. 이를 위해서는 중개에 참여한 양측이 각각 소통하는 방식, 즉 언어와 코드가 어떻게 교류가 가능한지, 그리고 그러한 교류가 왜 필요한지를 알아

---

92. 같은 책, p. 6.
93. 같은 책, p. 8.
94. 같은 책, p. 9.

봐야 한다. 언어의 중요성을 인간에게 설명할 필요는 없어 보인다. 하지만 디지털 테크놀로지가 급성장한 현대사회에서 언어만으로는 부족하다. 그래서 헤일스는 "코드"가 포함되어야 한다고 주장한다.[95] 언어와 코드를 함께 살펴보기 위해 헤일스는 스티븐 울프람Stephen Wolfram의 "계산적 우주" 개념을 도입한다. 울프람은 "계산은 단순히 코드처럼 **시뮬레이션**만 하는 것이 아니다."라고 전제한 후에, "계산은 생물학적 유기체에서 인간의 사회적 시스템에 이르기까지 모든 것의 행동을 실제로 **생성하는 과정**"이라고 설명한다.[96] 더구나 언어와 코드가 동시에 작동하는 현대사회에서, 즉 "지능기계와 계산적 우주라는 광대한 환경의 관계 속에 놓인 인간의 위치"는 "계산"이라는 "수단이자 은유"를 통해서만 가늠할 수 있다고 울프람은 주장한다.[97] 계산적 우주에 진입한 순간부터 말하기와 글쓰기라는 언어의 형식은 코드라는 형식과 필연적으로 상호작용할 수밖에 없다. 그리고 사적·공적 소통의 상당 부분이 컴퓨터를 통해 이루어지고 있는 현대사회에서 그 상호작용의 영향력은 급

---

95. 같은 책, p. 16.
96. 같은 책, p. 19.
97. 같은 책, p. 20.

속도로 확장되고 있다. 이 복잡하면서도 전폭적인 과정을 지칭하는 용어가 바로 "중개"인 것이다.

언어와 코드의 상호작용과 "인간의 생명세계와 엄청난 숫자의 계산으로 만들어진 (비교적) 비인간적인 세계 사이의 변증법적 관계"가 "중개"라는 형태로 폭발적으로 진행되고 있지만, 그렇다고 해서 한쪽이 다른 한쪽으로 포섭되는 것은 아니다. 그런 상상은 미래사회에 대한 섣부른 공포나 과도한 갈망을 만들어낼 뿐이다. 앞서 『우리는 어떻게 포스트휴먼이 되었는가』에서 헤일스는 포스트휴먼의 실상이 체현화와 불가분의 관계에 있음을 알림으로써 그러한 상상을 막고자 했다. 마찬가지로 이 책에서 헤일스의 목표는 언어와 코드의 중개가 어느 한쪽으로 기울어지지 말아야 할 이유를 밝히는 것이다. 헤일스의 중개 논의에서 몸부림이 다시 중요해지는 이유는 바로 이 목표 때문이다. 언어든 코드든 미디어에만 집중하느라 체현화를 놓치면 안 되는 이유에 대해 헤일스는 다음과 같이 설명한다. "미디어가 수용되고 중요성을 갖는 데 있어서 체현화된 주체에 의존하기 때문만은 아니다. 그뿐만 아니라 연구자들이 특정한 결과를 내놓도록 프로그래밍하고 네트워크를 구성할 수 있는 미디어를 개발하고 디자인하기 위해서, 컴퓨터/인간 인터페이스의 정확한 성격을 광범위하게 조사한다는 점에서도 체현화된 주체는 중요하다."[98] 쉽게 말하자면 "인간이 발명하지 않는다면 미디어는 있을 수 없고, 인간이 의미와 중요성을 부여하지 않는다면 미디어에는 아무런 목적도 없"는 것이다.[99] 또한 인간의 몸은 미디어가 작동하는 과정에서 "매체"로 작동하거나 혹은 미디어에 의한 "체화된 반응"을 내놓기에 미디어와 인간의 관계를 이어주는 매개체 역할을 수행한다.[100] 중개 사이사이에 반복해서 등장하며 언어와 코드의 동일화를 막아준다는 사실만으로도 몸이 중요하다는 의미다.

몸의 등장은 인간 존재의 복잡성을 암시하고, 따라서 "인간의 인지는, 비록 계산적 요소가 있다 하더라도, 단순히 혹은 심지어 우선적으로 디지털 계산만으로는 이해될 수 없는 아날로그 의식을 포함한다."는 점을 헤일스는 재차 강조한다.[101] 인간의 몸은 컴퓨터 코드로 포섭되지 않는 무언가를 가지고 있다. 여기서 중요한 사실은 이 무언가가 지

---

98. 같은 책, p. 35.
99. 같은 곳.
100. 같은 책, pp. 35~36.
101. 같은 책, p. 55.

속적으로 긴장감을 조성해 중개를 발전시킨다는 점이다. 즉, 제거되어야 할 방해물이 아니라 적극 활용되어야 할 요소인 것이다. 이처럼 인간과 컴퓨터의 공생관계를 유지하려면 "말하기와 글쓰기는 코드 이전의 형식으로 사라져야 할 무언가가 아니라 복잡성의 발전을 위해 수많은 단계에서 중요한 동반자로 여겨져야 한다."[102] 다시 말해서, 헤일스의 시각에서 코드와 언어는 "지속적 동반자"다.[103]

『우리는 어떻게 포스트휴먼이 되었는가』에서와 마찬가지로 헤일스의 궁극적 목표는 인간과 기계의 공생이다. 전작에서 사이버네틱스의 발전이 결코 몸의 삭제로 이어지지 않음을 확인하고 배타적이거나 폭력적이지 않은 공생의 가능성을 타진했다면, 『나의 어머니는 컴퓨터였다』에서는 언어를 통해 같은 목표를 추구하고 있다. 책의 결말에서 밝히듯 코드의 발전이 언어를 삭제하지 않음을, 오히려 인간의 언어가 "지능 기계와 조우"를 통해 변화하면서 발전하고 있음을 살펴봄으로써, "기계는 지배해야 할 대상도, 나를 지배하려고 위협하는 주체도 아님을 보게" 하는 것이 헤일스의 목적인 것이다.[104] 물론 언어를 통해 연결된다고 해서 둘

---

102. 같은 곳.
103. 같은 책, p. 61.

이 같다는 것은 아니다. 그가 기계와 인간이 모두 "체현화" 된 존재라는 점을 강조하는 이유도 바로 그 차이를 유지하기 위해서다.[105] 차이가 유지되는 한, 기계와의 조우는 동일화가 아니라 "[지능적 기계과 나의] 상호관계의 복잡한 상호성"을 도모하는 기회가 될 것이다.[106]

이어서 2012년에 출간된 『우리는 어떻게 생각하는가』는 테크놀로지의 발달로 변화된 텍스트의 매체성에 좀 더 집중한다. 동시에 이 책은 인간의 사고 혹은 인지 과정에 대한 헤일스의 관심을 전면에 등장시킨다. 이른바 "비교 미디어 연구"를 제안하며,[107] 헤일스는 "인쇄물의 투명성을 무

---

104. 같은 책, p. 243.

105. 같은 곳.

106. 같은 곳.

107. 헤일스의 "비교 미디어 연구"(comparative media studies)는 21세기에 많은 관심을 받고 있는 뉴미디어 연구의 맥락에서도 살펴볼 수 있다. 두 연구 분야가 아직 정확히 정의되지 않은 상황에서 차이가 무엇인지 논의하기는 힘들 듯하다(굳이 두 개의 다른 용어가 필요한 것인지도 따라서 답하기 힘들다). 뉴미디어를 단순히 이전의 아날로그 미디어와 다른 디지털 미디어라고 정의한다면 헤일스의 비교 미디어 연구와 쉽게 구분되겠지만, 뉴미디어 연구가 발달하면서 이 또한 쉽지 않았다. 예를 들어, 레브 마노비치(Lev Manovich)는 "영화가 초기부터 수천 개의 분리된 이미지를 처리함으로써 움직임을 모방"했다는 사실에 주목하면서, "올드 미디어를 연속된 데이터(개별적 유닛으로 구성되지 않은 데이터)로 보고, 뉴미디어는 분리된 데이터(픽셀이나 바이트처럼 특정한 유닛으로 구성된 데이터)로 보는 관점은 틀렸다고 주장한다"(Nicholas Gane and David Beer, *New Media*

너뜨리고, 다른 미디어 형식과 비교함으로써 인쇄물을 탈자연화denaturalize하는 것"에서 그 연구가 시작한다고 설명한다.[108] 급변하는 디지털 환경으로 인해 다양한 미디어가 등장하는 현실에서 기존의 인문학과 과학, 사회과학 등의 경계를 넘어 공통의 문제를 탐구하는 "비교 미디어 연구"가 필요하다는 것이 헤일스의 주장이다.[109] 경계를 넘어선 다양한 미디어와 그 영향력은 매우 복잡할 수밖에 없다. 그렇기에 "비교 미디어 연구"는 한편으로는 디지털 휴머니티의 발달을 되짚는 작업을 하고, 다른 한편으로는 "인간과 테크닉이 공동으로 진화해왔다는 아이디어인 테크노제네시스technogenesis라는 개념"을 적극적으로 활용한다.[110] 다양한 디지털 미디어의 파급력을 고려한다면, 21세기의 "테크

[Oxford, Berg, 2008], 6). 그럼에도 마노비치가 인정하는 두 미디어의 차이는 바로 뉴미디어가 "숫자로 된 재현"을 한다는 점이다(같은 곳). 즉, 뉴미디어는 "(주로 이진법의) 계산적 코드를 생산하고 처리함으로써 작동한다"는 점에서 올드 미디어와 다른 것이다(같은 곳). 헤일스가 "계산적 우주"를 전제하고 비교 미디어 연구를 제안한다는 점을 감안하면, 마노비치의 뉴미디어 정의와 헤일스의 비교 미디어 연구는 서로 간의 차이점보다는 유사점이 더 두드러진다.

108. N. Katherine Hayles, *How We Think* (Chicago, University of Chicago Press, 2012), p. 9.
109. 같은 곳.
110. 같은 책, p. 10.

노제네시스"는 바로 그러한 디지털 미디어에 관련된 테크놀로지가 어떻게 변화하고, 또한 사용자들의 삶을 어떻게 변화시키는지를 설명하는 것이다. 즉, 디지털 미디어와 인간 간의 "복잡한 적응 시스템" 형성을 지칭하는 용어다.[111] 그리고 "비교 미디어 연구"는 바로 이 시스템을 연구하는 분야라고 할 수 있다.

　인문학의 연구방식과 교육방식이 디지털 미디어를 수용함으로써 "복잡한 적응 시스템"에 따라 변화되는 과정을 디지털 휴머니티의 발전을 통해 알아본 후에, 헤일스는 현장에서 좀 더 친밀하면서도 지속적인 변화를 관찰한다. 바로 디지털 미디어를 접하는 학생들에 주목하는 것이다. 학교를 넘어서 일상생활에서 지속적으로 디지털 미디어를 접한 학생들의 변화는 독서나 공부 등 특정 행동방식의 변화에 국한되지 않는다. 특히 그는 학생들의 인지cognition 체계 자체의 변화에 주목하면서, "의식적, 무의식적, 비의식적 과정을 포함하는 체현적 인지 이론을 개발"할 필요가 있음을 역설한다.[112] "체현적"이라는 말로 다시금 몸을 등장시키는 접근법이 유효하기 위해서는 디지털 미디어와 구분되는

111. 같은 책, p. 18.
112. 같은 책, p. 55.

신체적 요인이 중요해질 수밖에 없다. 헤일스가 인지적 변화를 파악하기 위해 "뇌기능의 변화"에 주목하고, 그러한 복잡한 변화에 대처하기 위해 인문학자들의 "경험"을 강조하는 것도 이러한 맥락에서 이해할 수 있다.

이처럼 헤일스는 디지털 미디어로 대표되는 테크놀로지와 인간의 공진화를 필연적으로 받아들이면서도, 둘 사이의 구분을 놓치지 않는다. 그리고 그 사이에 인문학과 인간의 몸을 위치시킨다. 시몽동의 "진화론적 설명"에 기초한 헤일스의 "테크니컬[기술적] 존재"technical beings에 대한 논의는 이 점을 확인시켜준다.[113] 시몽동이 지적했듯이, "테크니컬[기술적] 조합"technical ensembles이 발달했다고 해서 "인간의 장기"가 몸을 벗어나 그 조합에 바로 흡수될 수는 없는 것이다.[114] 대신에 "인간은 환경의 변화를 통해 후성적epigenetic으로 변이하며, 이는 더 나아가 인간의 생리구조에 후성적 변화를 초래한다. 특히 두뇌, 중앙신경체계와 주변 신경체계에서의 신경적 변화로 이어진다."고 헤일스는 설명한다.[115] 이상의 논의를 바탕으로 그가 제안하는 것은 관

---

113. 같은 책, p. 103.
114. 같은 곳.
115. 같은 곳.

심attention이다.

(비록 시몽동의 논의에서는 제대로 이론화되지 않았지만) 관심은 테크니컬[기술적] 변화의 중요한 요소다. 왜냐하면 관심은 테크니컬[기술적] 조합의 신체적 특징에서 관심을 둘 만한 측면을 만들어내기 때문이다. 그리고 이러한 측면을 통해 관심은 테크놀로지 개발의 배경이 되는 새로운 물질성을 만들어낸다. 하지만 관심은 자신이 유발하는 테크놀로지의 변화에서 제외되거나 떨어져 있지 않다. 오히려 관심은 테크놀로지 환경과 피드백 루프를 형성하고 있다. 그리고 관심은 그러한 환경에서 선정 배경뿐만 아니라 선정 자체에 영향을 주는 무의식적 혹은 비의식적 과정을 통해 작동한다. 따라서 테크니컬[기술적] 존재와 생명체는 지속적인 상호 인과관계를 이루고 있고, 이 관계를 통해 두 존재는 공조된 그리고 정말로 시너지 효과를 내는 방식으로 같이 변화한다.[116]

공존과 공진화를 적극적으로 수용하면서도 헤일스는 이처

---

116. 같은 책, p. 104.

럼 테크니컬[기술적] 존재와 생명체, 특히 인간과의 차이를 유지하려고 애쓴다. 그리고 그의 노력의 기반이자 도착점은 항상 **몸**이다. 포스트휴머니즘 논의에 이어 헤일스의 "비교 미디어 연구"에서도 그의 몸부림은 여전히 지속되는 것이다.

가장 최근에 나온 『비사고』라는 흥미로운 제목의 책에서도, 사고 혹은 인지 과정에 대한 헤일스의 관심은 꾸준히 유지되고 있다. 사고 혹은 의식 중심의 인간 주체 논의로는 포스트휴먼 시대의 다양한 테크놀로지로 이루어지는 정보의 인지, 교환, 창출 과정을 이해할 수 없다는 문제의식을 계속 이어간다. 이 책에서 그는 사고나 의식이 형성되기 이전에 "비사고"가 있음을 지적하며, 이를 "의식의 뒤늦은 포섭을 피하는 '영원한 현재' 내에 존재하는 세계와 교류하는 방식"이라고 제시한다.[117] 분명히 의식이나 사고가 형성되기 이전부터 인간은 세상과 접촉하면서 끊임없이 정보를 받고 내준다. 하지만 이러한 상호작용이 의식적인 행동의 결과가 아니기에, 헤일스는 이 단계에 이루어지는 행위를 "생각"thinking과 구분해 "인지"cognition라고 명명한다.[118] 루이스

---

117. Hayles, *Unthought* (Chicago, University of Chicago Press, 2017), p. 1.
118. 같은 책, p. 14.

아무어Louise Amoore와 볼라 피오투크Volha Piotukh와의 인터뷰에서 그는 자신의 인지 개념이 에드워드 프레드킨Edward Fredkin의 생각을 반영한다고 밝힌다. 이론 물리학자인 프레드킨은 "어떤 면에서는 현실 그 자체가 본성상 계산적일 수 있다고 제안"했고, 헤일스는 그 제안의 함의를 전적으로 수용하지 않더라도 "[현실이라는] 콘텍스트를 통해 정보와 의미를 연결"하려는 접근법은 유의미하다고 평한다.[119] 그리고 이와 같은 접근법을 반영한 인지 행위는 "모든 생물학적 생명체와 많은 테크니컬[기술적] 시스템"에서 동시에 이루어진다.[120] 따라서 "인지"는 테크놀로지와 공유된 삶을 살며 주체를 형성하는 인간, 어쩌면 포스트휴먼을 이해하는 시작점이 될 수도 있다고 헤일스는 제안한다.

"비사고"는 "비의식적 인지"nonconscious cognition이며, 의식이 생기기 이전에 일어나는 행위이기에 인간과 비인간의 구분을 하지 않는다. 따라서 "비사고"는 인간의 사고와 행동이 어떻게 비인간, 특히 테크니컬[기술적] 시스템과 영향을 주고받는지를 설명하는 "틀"frameworks로 작동할 수 있다.[121]

---

119. Louise Amoore and Volha Piotukh, Interview with N. Katherine Hayles, *Theory, Culture & Society* 36.2 (2019), pp. 145~55.
120. Hayles, *Unthought*, p. 14.

이렇게 "비사고"는 포스트휴먼의 주체 형성을 탐색하는 데 중요한 소재이지만, 헤일스는 더 나아가 "비사고"를 논의하는 일이 윤리적으로도 중요하다고 역설한다. 다음 장에서 다룰 캐리 울프의 포스트휴머니즘 이론에 큰 영향을 준 니클라스 루만Niklas Luhmann의 시스템 이론을 떠올리게 하는 말로, 헤일스는 윤리적 가능성을 다음과 같이 제시한다.

> 우리 자신을 자아로 인식하도록 하는 능력은 동시에 우리가 살아가고 있는 생물학적, 사회적, 테크놀로지적 시스템의 복잡성을 부분적으로 보지 못하게도 한다. 그 결과로 우리는 우리가 가장 중요한 행위자이며 우리의 행동과 다른 행위자들의 행동의 결과를 통제할 수 있다고 생각하게 된다. 현재 기후변화에서 해양 산성화 그리고 온실효과 등을 통해 깨닫는 것처럼 그러한 생각은 전혀 사실이 아니다.[122]

의식이나 사고를 통해 인간 주체를 파악하고 인간의 행동을 이해하는 방식은 자아라는 환상에서 도출된 결과일 뿐

---

121. 같은 책, p. 35.
122. 같은 책, p. 45.

이며, 현대사회에서의 인간과 세상의 관계를 이해하는 데 전혀 도움이 되지 않는다. 더구나 그러한 환상에 의한 폐해가 전 지구를 덮치고 있는 현실에서 사고로만 주체를 파악하는 방식은 윤리적으로 옳지 않다고 헤일스는 주장하는 것이다.

비사고는 인간과 테크니컬[기술적] 행위자가 인간의 의식, 사고, 주체가 개입하기 전에 상호작용하는 영역으로, 포스트휴먼 시대 모든 사회의 근저에서 끊임없이 진행되고 있는 역동적인 시스템이다. 헤일스는 이 시스템을 "인지적 회집체"cognitive assemblages라고 명명하고 분석하여 "테크놀로지가 개발된 사회에서 힘이 만들어지고, 변환되며, 행사되는" 과정을 분석하고, 그 힘에 담긴 윤리적 의미를 파악하려고 한다.[123] 이때 헤일스가 추구하는 여러 가지 윤리적 의미 중의 하나는 바로 인간의 윤리적 의미다. 인간이기 때문에 중요하고 우선시되어야 한다는 인간중심주의적 사고를 버리면서도, 즉 인간의 사고·의식·주체가 모든 논의와 행위의 구심점이 되어야 한다는 환상을 깨뜨리면서도, 헤일스에게 언제나 중요한 점은 인간이 정신과 몸을 모두 갖

---

123. 같은 책, p. 116.

춘 인간으로서 남아야 할 당위성을 찾는 일이다. 다시 말해서 그에게는 인간이 트랜스휴먼이 아니라 포스트휴먼으로 생존해야 할 이유가 필요한 것이다. 이런 맥락에서 헤일스의 결론은 다음과 같다.

> 우리는 인간의 인지가 특별히 소중한 잠재성을 인정받을 수 있는 틀이 필요하다. 그러면서도 인간의 인지가 인지의 모든 것이라거나 그것을 해석하는 기술적 인지자의 영향으로부터 자유롭다고 주장하지 않는, 바로 그런 틀이 필요하다. 이 상황을 인지적 회집체로 이해하는 것은 바로 그러한 현실을 강조하는 것이며, 인간과 테크니컬[기술적] 인지의 상호작용과 그로 인해 결정된 행동에 대한 윤리적 책임의 불균형한 분배를 중시하는 것이다.[124]

인간의 인지가 "특별히 소중한 잠재성"을 가진 이유가 인간이라는 주체 때문이라는 설명은 헤일스에게 허용되지 않는다. 그 잠재성은 인간이 인간으로서 인지되기 이전의 상태에서 찾아야 하며, 그 상태는 바로 인간이 몸으로서 존재

---

124. 같은 책, p. 136.

하는 상태일 수밖에 없다. 즉, 비록 몸을 직접적으로 언급하고 있지는 않지만 헤일스의 몸부림은 여전히 그리고 맹렬히 진행되고 있다.

타자의 부재 : 헤일스의 포스트휴머니즘의 윤리적 한계

현대 과학기술, 특히 사이버네틱스와 디지털 미디어의 탈체현화 흐름에 맞서 체현화된 포스트휴먼의 몸부림을 지속적으로 과학과 문학에서 찾아내는 헤일스의 작업은 포스트휴먼을 공포나 매혹의 대상이 아닌, 비판적이고 건설적인 담론의 구심점으로 만들었다. 다시 말해서 헤일스가 포스트휴머니즘의 계기를 세운 것이다. 이렇게 포스트휴머니즘의 대모로서, 그리고 이 분야를 지난 수십 년간 이끌었던 연구자로서 헤일스의 작업은 현재진행형이고 마땅히 주목받고 존중받아야 한다. 하지만 그처럼 주도적인 인물인 만큼 헤일스에 대한 비판도 당연히 존재한다. 그중에 헤일스가 여전히 인간중심주의에 머물러 있다는 데이비드 체체토David Cecchetto의 비판에 주목해보자.『휴마네시스』에서 헤일스의 작업을 "휴머니스트 테크놀로지적 포스트휴머니즘"이라고 명명한 후에, 체체토는 헤일스가 "윤리적 차

원을 포스트휴머니즘에 각인시킨다."고 비판한다.[125]

> 헤일스의 테크놀로지적 포스트휴머니즘 구성은 그것이 의
> 도적으로 반대했던 인본주의 윤리를 결국 재각인시키고
> 만다. 더욱이 인본주의적 윤리를 '포스트'-휴머니즘적인 것
> 이라고 각인시키며 보여주기 때문에, 그 인본주의적 토대
> 는 포스트휴머니즘의 기본 원칙의 역설적 전환(즉, 인간은
> 담론의 주체다)으로 순화된다. 헤일스의 윤리적 태도에 동
> 반되는 정치적 입장은 박수를 받을 만하지만, 그 입장이
> 결국 그녀가 거부하는 인본주의적 담론 자체를 괴롭히는
> 수많은 제약들에 묶여있다는 것이 나의 주장이다.[126]

체체토의 비판은 헤일스가 인간의 활동인 문학에 집중한
다는 점, 그리고 헤일스 본인도 인간이 아닌 다른 존재에 그
다지 관심을 보이지 않았다는 점을 고려하면 어느 정도 설
득력이 있어 보인다. 체체토도 "디지털 테크놀로지를 단선적
인간관계의 언어로 재포착하는 것은 근본적으로 보수적인

---

125. David Cecchetto, *Humanesis* (Minneapolis, University of Minnesota
    Press, 2013), p. 63.
126. 같은 곳.

이데올로기적 행위"라고 평하면서, 인간 언어에 대한 헤일스의 지속적인 관심(비록 언어가 어떻게 코드와 연결되는지 고민하지만)이 그의 한계를 반증한다고 주장한다.[127]

하지만 체체토의 비판에는 허점이 많아 보인다. 무엇보다도 인본주의적이든 아니면 포스트휴먼적이든 헤일스가 "윤리"를 각인시키려고 했다는 주장을 수긍하기 힘들다. 체체토 본인도 "테크놀로지적 포스트휴머니즘의 윤리적 면을 상술하는 것이 헤일스의 근본적 프로젝트 중 하나로 의도되었음에도 불구하고(그리고 그녀의 글의 모든 측면에 영향을 줌에도 불구하고), 이 윤리가 무엇인지는 여전히 불분명하다."고 인정한다.[128] 그러면서 헤일스가 어떤 윤리를 말하는지 불분명하기에 "독자는 헤일스의 글에서 일정한 윤리적 신념들을 추측할 수는 있지만, 그럼에도 이러한 개념들이 어떻게 조합되어 윤리 그 자체에 대한 이야기가 될지는 스스로 알아내야 한다."고 요구한다.[129] 헤일스의 작업에서 분명하게 드러나지 않는 윤리적인 면이 어떻게 그의 작업에서 "근본적"인 것이 될 수 있는지 의문이다. 비록 『비사

---

127. 같은 책, p. 73.
128. 같은 책, p. 81.
129. 같은 곳.

고』에서 헤일스가 윤리에 대한 논의를 하고 있지만, 그의 작업을 전체적으로 돌이켜본다면 유사한 사례를 찾기 힘 들다는 점에서 의문은 깊어질 수밖에 없다. 실제로 1995년 에 진행된 인터뷰에서 울프가 헤일스의 "강한 반영성"130 개념에 "윤리적 명령"이 담겨있다고 지적하자, 헤일스는 "형 식적 체계로서의 윤리는 잘 모릅니다."라고 대답하면서 윤 리 체계는 자신의 관심사가 아님을 암시하기도 했다.131 그 렇다면 윤리적 각인이 헤일스의 "근본적 프로젝트"가 아니 고, 따라서 독자가 "스스로 알아내야" 할 필요가 없다고 추 측하는 것이 더 적절하지 않을까?

체체토의 비판의 또 다른 문제점은 헤일스가 애초에 "인본주의적 윤리"를 반대했다는 점이다. 물론 앞서 논의 한 것처럼 헤일스는 분명 "자유주의적 인본주의"를 반대하 지만, 그것이 윤리적인 차원에서 이루어진 것인지는 분명치

---

130. "강한 반영성"(strong reflexivity)은 "객관성"이라는 말에 의구심을 품고 헤일스가 제안한 대체 용어다. 객관성, 특히 과학적 객관성에 남성중심주 의적 사고의 편향성이 담겨있음을 비판하는 산드라 하딩과 같은 페미니즘 학자들과 동조하면서도, 헤일스는 하딩이 제안하는 "강한 객관성"(strong objectivity), 즉 관찰자의 위치와 성격을 적극 반영하는 것이 좀 더 객관 적이라는 개념이 여전히 "객관성"에 얽매여 있다고 지적하면서 "강한 반 영성"을 제시한다. N. Katherine Hayles and et al, "Theory of a Different Order," *Cultural Critique* 31(1995), p. 33.

131. 같은 글, p. 35.

않다. 실제로 『우리는 어떻게 포스트휴먼이 되었는가』에서 윤리라는 말은 매우 드물게 등장한다. 자유주의적 인본주의의 뿌리 깊은 이성중심주의와 신체 혐오에 대한 헤일스의 반대는 기존의 권력 구조를 유지하려는 정치에 대한 비판이자, 그 구조에 대한 무비판적 수용을 유도하는 문화에 대한 비판에 가깝다. 물론 체체토가 윤리라는 말을 광범위하게 적용하여 정치와 문화를 포함한 관계에 대한 태도를 뜻한 것이라면, 헤일스가 윤리적 차원에서 작업하고 있다고 할 수도 있다. 하지만 같은 논리로 정치적 혹은 문화적 차원이라고 해도 상관없을 것이다. 또한 헤일스가 윤리적 프로젝트를 수행하기에 인본주의를 재도입한다는 비난은 체체토가 이미 윤리를 인간의 활동으로만 국한시켜 생각하고 있음을 암시한다. 비인간 존재를 포함해야 하는 포스트휴먼의 윤리에서 그처럼 제한적인 개념은 결국 비인간 존재를 수동적 수혜자로만 위치시키는, 따라서 보다 넓은 의미의 윤리적 공동체를 부정하는 결과를 낳을 것이다. 이처럼 제한적인 개념과 근거가 부족한 해석이라는 문제점을 보이기에 체체토의 헤일스 비판은 설득력이 떨어진다.

하지만 헤일스의 프로젝트에서 윤리적 체계가 결여되어 있다는 체체토의 지적은 의도치 않게 헤일스에 대한 나의 불만을 대신 전해준다. 바로 윤리에 대한 헤일스의 관심이 부족하다는 점이다. "비록 헤일스가 인간과 기계의 비교할 수 없는 물질성에 민감하다고 해도, 그러한 민감함이 필연적으로 비인간 중심의 윤리 프로젝트로 전환되지는 않는다."라는 체체토의 말에는 공감하지만,[132] 그러한 전환이 이루어지지 못한 것이 헤일스의 윤리관이 인본주의적이기 때문은 아니라고 본다. 전환이 이루어지지 않는 이유는 바로 전환 자체에 대한 헤일스의 관심이 적기 때문이다. "물질성에 민감"해지는 그 순간에 헤일스는 타자로 고개를 돌리기보다는 "우리"를 되돌아본다. 타자와의 관계를 고민하기보다는 인간 존재의 그러한 물질성이 어떤 의미인지를 확인하려는 것이다. 그 순간에 헤일스는 인간이 이미 포스트휴먼이 되었다는 사실을 보았고, 그래서 인간중심주의가 이미 종식되었음을 깨달았다. 그리고 그 깨달음을 바탕으로 인간의 활동이 사실 포스트휴먼의 활동임을 알리고 있다. 따라서 포스트휴먼으로서의 우리의 몸부림을 전하는 헤일스의 프로젝트는 결코 인본주의적이 아니다. 하지만 동시에 바로 같은 이유로 그의 작업에서 타자의 몸부림을 보기는 힘들다.

---

132. Hayles, *How We Became Posthuman*, p. 82.

3장 　　동물과 포스트휴머니즘 :
　　　　　울프의 상실감

동물이기를 잊은 인간 : 동물연구와 울프의 포스트휴머니즘

인간-동물의 흔적을 찾아서

"답함에서 열림으로" : 인간-동물 되찾기

땅 안의 동물, 땅 이전의 동물

2016년 서울 안국동 사바나미술관에서 〈시선의 기원, 곤충의 눈〉이라는 제목의 전시회가 열렸다. 여기에 전시된 "2만 개가 넘는 겹눈으로 세상을 보는 곤충의 시선에 착안한 충감도"는 인간에게 익숙한 세상을 매우 다른 모습으로 보여준다. 곤충학자의 자문을 받아 디지털카메라로 촬영하고 컴퓨터 프로그램을 통해 재구성한 사진들을 전시한 작가는 『서울신문』과 가진 인터뷰에서 전시에 대해 다음과 같이 설명한다. "여러 방향의 낱눈이 본 시선을 합하면 입체적인 시선이 됩니다. 곤충은 겹눈을 가진 대표적인 생명체라고 생각했습니다. 우리보다 수억 년 전에 태어난 생명체가 본 것이 입체적인 시선이라는 점에서 곤충의 눈이 보는 것에 대한 기원이라고 말할 수 있겠지요." 디지털 테크놀로지의 발달로 이렇게 곤충의 겹눈의 시각으로 보는 세상까지 재현하는 수준에 이르렀지만, 사실 곤충의 겹눈 연구와 디지털 테크놀로지가 공조해온 역사는 반세기가 넘는다. 예를 들어 1970년에 발표된 「꿀벌 겹눈의 광학」에서 칠레의 생물학자인 바렐라는 웨인 위터넨Wayne Wiitanen과 함께 IBM 7094 디지털 컴퓨터를 사용해 현미경으로 관측한 결과를 분석하여 꿀벌의 시신경 기능을 밝혀냈다. 컴퓨터로 "광선추적법 기술을 사용하여" 이전의 측정 방식, 즉

"가우스의 두꺼운 렌즈"Gaussian thick lens의 한계를 극복하여 각각의 낱눈이 전달하는 정보의 성격을 알아낸 것이다. 그리고 이들은 "이 정보가 2단계 그리고 더 높은 단계의 뉴런 연결에서 어떻게 해석되는지는 앞으로 밝혀내야 할 과제다."라고 말하며 논문을 끝맺는다.[1] 앞서 언급한 전시회도 비슷한 과제를 떠올리게 한다. 우리에게는 신기하게만 느껴지는 겹눈으로 곤충이 본 세상은 어떤 것일까? 곤충이 보는 것과 똑같이 재현된 세상을 본다고 해도 곤충과 똑같이 보는 것은 아니지 않을까? 더 나아가, 그렇게 세상을 보는 두뇌는 우리의 두뇌와 어떻게 다르고, 세계관은 (만약 그런 것이 있다면) 또 어떻게 다를까?

사실 이런 질문에 대한 연구는 이미 칠레의 또 다른 생물학자인 움베르토 마투라나가 미국의 신경생리학자 워렌 맥컬록과 논리학자 월터 피츠, 그리고 인지과학자 J. Y. 레트빈Lettvin 등과 함께 진행하고 있었다. 이들이 1959년에 발표한 「개구리의 눈이 개구리의 뇌에게 말하는 것」은 "하나의 신경섬유에서 어떤 종류의 자극이 가장 큰 활동을 유

---

1. Francisco G. Varela and Wayne Wiitanen, "The Optics of the Compound Eye of the Honeybee (Apis mellifera)," *The Journal of General Psychology* 55.3 (1970), pp. 336, 355.

발하는지 그리고 그 자극의 흥분 요인이 무엇인지"를 밝혀내려는 연구다.[2] 연구 결과, 이들은 "눈이 수용체 표면의 빛의 분산을 대체로 정확히 복사하여 전달하는 대신에 이미 매우 조직화되고 통역된 언어로 뇌에 말을 한다."는 사실을 밝혀냈다.[3] 다시 말해서, 시각 이미지를 시각 정보로 전달하는 망막은 감각보다는 지각에 가까운 활동을 하며, "그 활동을 가장 잘 묘사하는 언어는 시각 이미지에서 만들어진 추상 개념으로 된 언어"다.[4]

이들의 연구는 사이버네틱스의 두 번째 물결을 일으켰고, 그 때문에 헤일스는 『우리는 어떻게 포스트휴먼이 되었는가』에서 "그 모든 것이 개구리로부터 시작되었다."라고 말하기까지 한다.[5] 이들의 연구가 "개구리의 시신경계가 현실을 재현한다기보다는 구성한다."는 점을 확인해주었고, 이때 구성을 책임지는 언어는 "상당한 프로세스를 거친 것이면서 개별 종에 맞춰진 것"임을 입증했기 때문이다.[6] 하지

---

2. J. Y. Lettvin et al, "What the Frog's Eye Tells the Frog's Brain," *Proceedings of the IRE*, 47.11(1959), p. 1940.

3. 같은 글, p. 1950.

4. 같은 글, p. 1951.

5. Hayles, *How We Became Posthuman*, p. 131.

6. 같은 책, pp. 131, 132.

만 헤일스의 주된 관심은 이후에 일어난 마투라나와 바렐라의 공조에 있다. 즉, 두 사람이 어떻게 주관성을 배제하는 기존의 과학적 인식론에서 벗어나 개구리 실험으로 확인된 사실에 부합하는 새로운 인식론을 개진하는지 보여주려는 것이다. 이 인식론은 물론 사이버네틱스의 두 번째 물결의 주제어인 "오토포이에시스"이고, 마투라나와 바렐라는 1980년에 출간한『오토포이에시스와 인지』에서 이를 정립한다. 오토포이에시스라는 원칙에서 보면 개구리뿐만 아니라 인간과 심지어 기계까지 생명 시스템이 될 수 있다는 이들의 주장에서, 헤일스는 인간의 정신이라는 기준이 사라지는 포스트휴먼의 시작점을 찾았다. 포스트휴먼이라는 시스템이 보는 세상은 개구리와 마찬가지로 오토포이에시스로 구성된 것이기에, 자유주의적 인본주의가 고수하는 이전의 세계관은 더 이상 유효하지 않다는 것이다.

『오토포이에시스와 인지』에서 헤일스가 포스트휴먼 주체의 가능성을 보았다면(헤일스라는 시스템이 마투라나와 바렐라의 책에서 받은 자극을 그렇게 내부적으로 혹은 기능적으로 해석했다면), 헤일스의 시스템에 있어서 그 책은 환경으로 남는다. 그리고 그 책에는 헤일스의 이야기로 결코 담아낼 수 없는 무언가가 여전히 담겨있을 것이다. 나

중에 좀 더 자세히 논의하겠지만, 시스템의 외부에 남겨진 환경은 바로 캐리 울프의 시작점이기도 하다. 그렇다면 시스템 외부에 주목한다는 논리를 따라 마투라나와 바렐라의 책에 밀접하게 연결되어 있으면서도 책이 아닌 부분들, 어쩌면 책의 환경이라고 할 수 있는 부분에 잠시 주목해보자. 바로 서문들이다. 우선 로버트 코헨Robert S. Cohen과 막스 와르토프스키Marx W. Wartofsky는 「편집자 서문」에서 "이것은 대담하고, 총명하고, 도발적이고, [읽는 이를] 의아하게 만드는 책이다."라고 밝히며, 독자에게 "상상력 넘치는 도약과 더불어 시작부터 생명 시스템의 특징을 기능이나 목적, 유기체-환경 관계, 외부세계와의 인과론적 상호작용, 심지어는 정보, 코딩, 전파의 관점 등을 통해 찾는 일반적 방식을 버리라고 요구한다."고 평한다.7 반면 스태포드 베어Stafford Beer는 "이 작은 책은 매우 크다. 이 책은 살아있는 우주를 담고 있다."라는 말로 책의 또 다른 서문을 시작한다.8 두 사람의 연구가 학제간 작업이라기보다는 "통합"synthesis을

---

7. Robert S. Cohen and Marx W. Wartofsky, Editorial Preface, *Autopoiesis and Cognition* by Humberto R. Maturana and Francisco J. Varela (Boston, D. Reidel Publishing Company, 1980), p. v.
8. Stafford Beer, Preface, 같은 책, p. 63.

통해 새로운 분야를 만든다고 주장하면서, 베어는 두 가지 측면에서 오토포이에시스에 관심이 간다고 말한다. 오토포이에시스라는 원칙으로 생명 시스템을 규정하기에, 두 사람은 첫째로 "철학이 2000년 동안 단지 더 복잡하게만 만들었던 정체성의 문제를 해결"하고, 다음으로 "목적론의 파괴"를 성취한다는 것이다.[9] "자신의 정체성을 지키는 것, 그것만이 인간의 '목적'이다."라는 말로 베어는 간략히 정리한다.[10] 여기서 베어는 이 책이 가진 정치적 함의를 찾는다. 바로 "개인을 종에 종속시키는 일은 지지받을 수 없다."는 것이다.[11] 즉, 마투라나와 바렐라의 책에서 "종, 사회 혹은 인류를 위해, 즉 이것들을 유지시키려 한다는 미명 아래 개인의 희생 가능성을 정당화하는 과정에서 생물학은 더 이상 사용될 수 없다."라는 구절을 인용하면서, 베어는 이들의 책 이후에 "세계는 다른 곳"이 될 것이라고 선언한다.[12]

그 다른 세계, 오토포이에시스라는 틀로 바라본 세계는 진화이론과 같은 "목적론"이나 일반적 인과론이 더는 보

---

9. 같은 책, pp. 66, 67.
10. 같은 책, p. 67.
11. 같은 책, p. 69.
12. 같은 곳.

편적이지 않은 곳이다. 역설적이게도 이 세계는 실제 현실과 가장 근접한 모습임에도 불구하고, 기존의 세계관에 익숙한 우리에게는 너무도 낯선 곳이기에 오직 "상상력 넘치는 도약"을 통해서만 다가갈 수 있다. 또 다른 역설은 오토포이에시스가 아무리 과학적으로 입증된다고 하더라도, 세계관으로 확장되면 결국 베어가 예측한 것처럼 정치적 영역으로 들어간다는 사실이다. 다시 말해서 과학적 이론으로서의 보편성은 더 이상 유효하지 않고, 사회에 존재하는 다른 세계관들과 경쟁 구도에 들어서게 된다는 의미다. 과연 이 경쟁에서 기존의 세계관, 특히 대부분의 사람들에게 너무도 익숙한 세계관을 넘어설 수 있을까?

1990년에 출간된 캐런 테이 야마시타Karen Tei Yamashita의 소설,『열대우림의 호를 통해서』는 남아메리카의 브라질을 배경으로 익숙한 세계관을 "상상력 넘치는 도약"으로 넘고자 한다. 소설은 일본인인 카주마사 이시마루가 어릴 적에 운석 조각을 맞은 후에 이마 앞에 조그만 공 모양의 물체가 공전하듯 떠다니는 것을 발견하는 장면으로 시작한다. 이후에 그는 철도 선로의 문제를 감지하는 공의 능력 덕분에 브라질로 가서 일하게 된다. 하지만 여기서 내가 주목하는 인물은 미국인인 J. B. 트윕Tweep이다. 팔이 세 개인 그는 이를 장애로 여기지 않고, 두 팔이 정상인 세계에 맞춰서 살아야 한다는 생각도 하지 않는다. 대신 세 개의 팔을 기반으로 자신만의 세계관을 발전시킨다. "삼변증법"trialectics이라는 "새로운 사고방식"(사실 새로운 것은 아니지만[13])을 통해 문제의 해결책을 세 개로 고안한 후에 "항상 중간의 해결책을 선택"하면서 트윕은 이 사고방식이 "궁극적으로 근대적 사고와 철학에 혁명을 가져올 것이라고 생각하기 시작한다."[14] 결국 삼변증법이 "삼변증법의 일반 이론"으로 될 것이라고 예측한다.[15] GGG라는 회사에 취직해 삼변증법으로 직무를 수행하는 것과 동시에 자신을 일종의 보이

---

13. 삼변증법적 사고방식은 앙리 르페브르(Henri Lefebvre)가 "삼중 변증법"(triple dialectics)이라는 말로 처음 제시했으며, 이후 1996년에 출간된 『제3공간』에서 에드워드 소자가 이론적으로 발전시키면서 "삼변증법"(trialectics)이라는 용어를 제안했다(그는 자신이 이 용어를 이미 사용하고 있었다고 말한다). Edward W. Soja, *Thirdspace* (Cambridge, Blackwell, 1996). 모더니즘과 포스트모더니즘의 이분법적 구조에 "제3공간"이라는 "월등한 개방성의 공간"을 제시하면서, 소자는 "시간적으로 정의된 헤겔이나 맑스의 전통적인 변증법보다 좀 더 내재적으로 공간적인 변증법적 사고방식"이라는 의미에서 "삼변증법"을 사용한다(같은 책, pp. 5, 10). 소자가 언제부터 용어를 사용했는지 확인이 힘들지만, 출판년도만 따지면 개념이 아닌 정확한 용어 자체는 야마시타가 처음 사용했다고 할 수도 있을 듯하다.

14. Karen Tei Yamashita, *Through the Arc of the Rain Forest* (Minneapolis, Coffee House Press, 1990), p. 49.

15. 같은 곳.

지 않는 "세 번째 팔"로 유지하며 성공을 거두는 트윕은 사업 확장을 위해 브라질로 오게 된다. 하지만 문제는 사업의 성공으로 그가 점차 전면에 드러나면서 두 팔 뒤에 숨어 있는 "세 번째 팔"로 남지 못하고, 동시에 성공을 위해 이윤만을 추구하는 자본주의 논리를 따르고 만다는 것이다. 결국 "삼변증법"은 쇠퇴하고, 결국 자본주의 경쟁에서 밀린 그는 세 번째 팔에 "느린 마비"가 오는 것을 느끼며 스스로 생을 마감한다.[16]

트윕이 팔이 세 개라는 이유로 보통 인간과 다른 "삼변증법"적 사고방식을 가진다는 설정이 황당해 보일 수도 있다. 하지만 앞서 바렐라와 마투라나의 연구에 따르면 다른 신체구조는 다른 언어로 정보를 전달하고, 다른 언어는 다른 사고체계와 다른 세계관의 가능성을 제시한다. 따라서 소설의 허구적 설정이 터무니없는 것이 아니다. 사실 현실에는 트윕보다 더 황당한 사례가 있다. 바로 문어 혹은 두족류가 그 예다. "전통적으로 복잡 인지 연구가 영장류에 국한되어" 있었다면, 즉 인간과 유사한 동물에 집중해서 이루어졌다면, 최근 20년간 다른 척추동물의 지능(특히 까마

---

16. 같은 책, p. 182.

귀)에 대한 연구가 늘어났고, 이제는 무척추동물의 지능 연구를 통해 "지능이 독립적으로 여러 번 진화했다."는 주장이 나오고 있다.[17] 특히 알렉산드라 슈넬Alexandra K. Schnell을 비롯한 여러 학자들은 복잡한 인지 능력을 가지는 두족류가 "인지의 진화에 관해 현재 우리가 이해하는 내용에 근본적으로 도전한다."고 2021년에 발표한 논문에서 공언하기도 했다.[18]

피터 고드프리-스미스Peter Godfrey-Smith는 『다른 정신들』에서 척추동물, 특히 인간과 전혀 다른 방식으로 발달한 문어의 지능에 주목하면서, "만일 우리가 지각이 있는 존재로서 두족류와 소통하게 된다면, … 그것은 아마도 지능이 있는 외계인에 가장 가까이 다가가는 것과 같을 것이다."라고 말한다.[19] 잘 알려져 있다시피 문어에는 대략 5억 개의 뉴런이 존재한다. 비록 1천억 개의 뉴런을 가진 인간과 비교해서는 매우 적지만, 문어의 뉴런 수는 크기가 작은 포유류나 개가 가진 뉴런 수와 크게 다르지 않다. 하지

17. Alexandra K. Schnell et al, "How Intelligent Is a Cephalopod?," *Biological Review* 96 (2021), p. 163. (162~178)
18. 같은 곳.
19. Peter Godfrey-Smith, *Other Minds* (New York, Farrar, Straus and Giroux, 2016), e-book.

만 문어의 지능이 특별한 이유는 "대부분의 뉴런이 팔에 있다."는 사실이고, 따라서 "문어가 얼마나 똑똑한가를 알아내는 방법은 문어가 무엇을 '할 수 있는지'를 보는 것"이라고 고드프리-스미스는 설명한다. 그리고 문어의 행동을 관찰한 이들은 모두 높은 지능의 존재를 인정하는데, 이때 문어의 행동은 인간처럼 두뇌가 몸을 통제한 결과가 아니라 "지역적인 통제와 중앙적인 통제의 조합"에 따른 것이다. 고드프리-스미스는 문어의 이러한 지능이 "체현화된 인지"embodied cognition의 대표적인 사례라고 말한다. 하지만 그는 문어의 경우에 지능이 두뇌에 집중되거나 반대로 몸에 집중된 이분법적 구도에서 벗어난 "다른 체현화"를 보여주기에, 그것은 "어떤 의미로는 탈체현화"된 지능이라고 지적한다. "탈체현화"라는 말로 그가 의미하는 바는, 몸이 없다는 것이 아니라, 문어의 몸이 "그 자체로 변화무쌍한 가능성 그 자체"라는 것이다. 따라서 "문어는 통상적인 몸/두뇌 분할 너머에 살고 있다."고 그는 주장한다.

문어가 몸과 정신의 이분법적인 구조에서 벗어나 있다면, 오토포이에시스 원칙에 따라, 그러한 구조에서 벗어난 사고방식과 더불어 그에 맞는 세계관을 가진다는 추측도 가능하다. 마찬가지로 야마시타의 소설에서 세 개의 팔을 가지고 삼변증법적인 사고를 하는 트윕도 그런 가능성을 가진다. 하지만 동시에 소설에서 그의 궁극적인 추락은 그 가능성의 실현이 얼마나 어려운 일인지를 보여준다. 즉, 그의 추락은 자본주의라는 이분법적 사고(이윤이 되는 것과 그렇지 않은 것으로 세상을 구분하는 사고)가 어떻게 삼변증법적 사고를 잠식하고, 동시에 브라질이라는 제3지대와 그곳에 사는 사람들을 파괴하는지를 보여주는 것이다.

하지만 소설은 삼변증법 사고의 몰락에서 한 걸음 더 나아간다. 사실 소설의 화자는 사람이 아니라 이시마루의 머리를 공전하는 공이며, 공은 소설 마무리에 인간들의 이야기가 "오래전에 일어났다."고 밝힌다.[20] 그리고 이제 세상은 "한때는 현대적이었던 고층건물과 사무실 건물 들이 허물어진 잔재" 사이로 "옛 숲이 돌아온" 곳이 되었다고 전한다.[21] 마치 트윕에게 그랬던 것처럼 자본주의는 문명과 인류의 자멸을 일으키고, 그 결과 열대우림이 돌아온 세상은 "전과 같지 않은" 곳이 된 것이다.[22] 공교롭게도 앞서 마투라나와 바렐라의 책의 서문에서 베어도 다른 세계를 상

---

20. Yamashita, *Through the Arc of the Rain Forest*, p. 185.
21. 같은 곳.
22. 같은 곳.

상하며 "엄청난 환경적 도전"을 포함하여 "기하급수적으로 증대하는 온갖 종류의 위협"을 거론한다. 하나의 사회만 존재한다는 전제 아래 그 사회의 체제나 법규의 변화만으로 문제를 해결하려는 접근법은 틀렸다고 그는 설명한다. 사회 내부와 외부에 수많은 오토포이에시스적인 시스템들이 존재하기에 그러한 메타적인 접근법은 성공할 수 없는 것이다.[23] 프래그머티즘[실용주의] 철학자인 윌리엄 제임스의 "하나와 다수"를 떠올리게 하는 베어의 설명은 오토포이에시스가 과학의 영역을 넘어 정치의 영역, 특히 생명정치의 영역에서도 주목해야 할 용어임을 암시한다.

동물연구를 통해 포스트휴머니즘을 개진하는 캐리 울프의 작업은 바로 오토포이에시스에서 생명정치로 이어지는 이 길을 따라가고 있다. 물론 울프의 작업에서 꿀벌이나 개구리 혹은 문어 같은 동물들에 대한 생물학적 논의가 주가 되는 것은 아니다. 그의 관심은 문화, 사회학, 철학 영역에 있기 때문이다. 오토포이에시스에 있어서는 사회학자인 니클라스 루만의 시스템 이론을, 그리고 인간의 의식이나 정체성의 문제는 데리다의 해체주의 철학을 토대로 삼

---

23. Beer, Preface, *Autopoiesis and Cognition*, pp. 71~72.

고 있다. 그렇다고 앞서 논의한 생물학적인 연구와 그 연구의 인식론적이고 정치적인 함의와 무관한 것은 아니다. 오히려 그러한 연구를 감안하지 않고는 울프의 작업과 기존의 동물권 논의의 차이를 이해하기 힘들다. 아래에서 다시 논의하겠지만 울프에게 인간과 동물의 관계는 권리의 차원이 아니라 정체성의 차원에서 재고해야 할 문제다. 즉, 인간의 권리를 나누어줄지 말지를 결정하는 문제가 아니라 인간이 애초에 그런 권리를 독점할 존재였는지를 의심하는 데서 시작해야 하는 것이다. 그리고 그 의심은 인간과 동물을 나란히 오토포이에시스 시스템으로 보는 데서 시작한다. 그렇게 보면, 인간 정체성이 가진 보편성은 동물들의 오토포이에시스를 폭력적으로 부정함으로써 확보된 것이고, 인간사회의 통치권 또한 그러한 폭력적 정체성의 결과임이 드러난다. 이 과정을 비판하고 해체함으로써 인간의(따라서 인간이 부여한 동물의) 정체성이 허구였음을 밝히는 것이 울프의 목표다. 헤일스에게 인간은 테크놀로지로 인해 포스트휴먼일 수밖에 없는 존재라면, 울프에게 동물과 함께 살아온 인간은 — 그의 철학적 토대가 되는 데리다의 유명한 말을 인용하자면 — "언제나 이미" 포스트휴먼인 것이다.

동물이기를 잊은 인간 : 동물연구와 울프의 포스트휴머니즘

1979년 미국 〈남부사회학회〉 학술대회의 기조연설에서 학회장 클리프톤 브라이언트Clifton D. Bryant는 "사회학자들이 … 인간의 행동, 문화적 패턴, 사회적 관계 등을 관찰하는 데 있어서 종종 근시안적이었다."고 비판의 목소리를 냈다.[24] 그의 비판의 근거는 사회학자들이 "동물들의 깊게 스며든 사회적 영향력을 불행히도 고려하지 않았다."는 것이다.[25] 그러면서 그는 인문학과 예술, 인류학, 경제학 등의 다른 학문 분야에서는 동물에 대한 연구가 상당히 진척되고 있다는 점을 지적한 후에, 사회학도 이른바 "동물학적 연관성"zoological connection을 사회 내에서 포착해서 탐구해야 한다고 역설한다. 브라이언트가 부러워할 만큼 다른 학문 분야가 (이제야 우리가 깨닫기 시작하는) 동물의 중요성을 인정하고 있었는지는 의문이지만, 적어도 그의 호소는 이후 어느 정도 공감을 얻어내며 "사회학적 비인간동물 연구"를

---

24. Clifton D. Bryant, "The Zoological Connection," *Social Forces* 58.2 (1979), p. 400.
25. 같은 곳.

활성화시켰다. "어느 정도"라고 한정 짓는 이유는 대략 20년 후인 2002년, 이번에는 미국의 〈동부사회학회〉에서, 아놀드 알루크Arnold Arluke가 한 발표 때문이다. '사회학적 동물 연구에 대한 사회학'이라는 제목의 발표에서 알루크는 "사회학적 비인간동물 연구의 미래가 마주한 가장 막강한 장벽은 사회학 외부가 아니라 내부에 있다."고 꼬집는다.[26] 그는 사회적으로 소외당하고 억압당했던 집단을 연구해야만 한다고 꾸준히 주장해온 사회학 내부에서 어떻게 여전히 동물연구를 중시하지 않고, 경우에 따라서는 "단순한 '부티크'boutique 사회학이라고 경시하는" 태도가 가능한지 묻는다.[27] 그러면서 동물연구에 대한 사회학 내의 저항을 소위 "사회학에 대한 사회학"으로 따져보고, 이를 통해 사회학의 전반적인 변화를 도모해야 한다고 제안한다. 궁극적으로 동물연구는 억압된 집단에 대한 지역연구에 "협력자"collaborators를 만들어 줄 수 있고, 사회학 연구를 좀 더 "이론적으로 정리하는" 계기가 될 것이며, 현실에 "좀 더 적용된 연구"를 가능하게 할 것이라고 알루크는 믿는다.[28]

---

26. Arnold Arluke, "A Sociology of Sociological Animal Studies," *Society & Animals* 10.4 (2002), p. 369.
27. 같은 글, p. 370.

21세기 들어 폭발적인 관심을 받아온 동물연구가 사회학 내에서 가지는 위상을 의심할 사람은 많지 않을 것이다. 사실 같은 진단을 다른 분야에도 내릴 수 있다. 비록 브라이언트에게는 1979년에 동물연구가 이미 상당히 진척된 것처럼 보였을 수도 있지만 실상은 그렇지 않았기 때문이다. 한 예로 문학적 동물연구Literary Animal Studies를 주도하는 수잔 맥휴Susan McHugh가 『동물 이야기』에서 전하는 일화가 있다. 학부 시절(아마도 1990년대) 한 수업에서 맥휴는 윌리엄 워즈워스의 「개암 따기」Nutting를 "계절의 변화라는 주제에 대한 다람쥐의 생각을 반영한" 시라고 해석했고, 담당 교수에게 "말도 안 되네 … 동물은 생각하지 않고, 게다가 분명히 시를 쓰지 않는다네"라는 평을 들었다고 전한다.[29] 흥미로운 점은, 알루크가 앞서 언급한 소수자 연구자들처럼, 맥휴의 교수도 "유대인 이민자로서 2차 세계대전 참전군인이고, 선구적인 페미니스트 학자"로서 "20세기에 혼란에 빠진 질문," 즉 "인간이란 무엇인가?"라는 질문에 대해 "좀 더 엄밀하면서도 포괄적인 대응을 위해 다각도

28. 같은 글, pp. 371~72.
29. Susan McHugh, *Animal Stories* (Minneapolis, University of Minnesota Press, 2011), p. 5.

로 싸웠던" 학자라는 사실이다.[30] 물론 이제는 맥휴처럼 해석한다고 무시하는 교수는 거의 없을 것이고, 아마도 맥휴를 가르쳤던 그 교수도 지금은 다른 생각을 하지 않을까 싶다. 그만큼 21세기에 동물연구는 많은 학문 분야에서 중요성을 인정받게 되었고, 알루크가 사회학에 제안한 변화와 유사한 결과를 각 분야에서 내고 있다. 무엇보다도 동물은 이러한 학문 분야들의 "통합"을 가능하게 하는 구심점으로 작용하면서 학문 생태계를 새롭게 조성하고 있다.

하지만 동물연구의 위상이 높아진다는 것은 정확히 무슨 의미일까? 각 학문 분야에서 제대로 논의되지 않았던 동물의 역할이나 의미에 대해 새롭게 관심을 갖는다는 것일까? 동물에 대한 윤리적 처우나 동물권의 확보를 위한 학문적 근거를 마련하는 일일까? 동물을 중심으로 새로운 학문 분야를 개척하는 것일까? 이 질문들에 답하며 발생하는 변화는 모두 긍정적이겠지만, 그러한 변화를 지속적으로 유지하고 발전시키기 위해서는 애초에 그 변화를 저지했던 "가장 막강한 장벽"을 무너뜨리는 노력이 우선되어

---

30. 같은 책, p. 8.

야 할 것이다. 그 장벽이란 알루크가 논의한 것보다 더 뿌리 깊은 문제, 즉 맥휴가 20세기에 들어와 위기를 맞았다고 말했지만 사실 언제나 위기 속에 있었던 문제, 바로 '인간이란 무엇인가?'라는 질문에서 찾을 수 있다. 그 질문에 답한다는 미명 아래 항상 비인간 동물을 비하하거나 차별하도록 지시해 온 인간중심주의라는 장벽이다. 2012년에 출판된 『동물과 사회학』에서 브라이언트로부터 시작한 동물연구를 되돌아보며 케이 페그스Kay Peggs가 고백하듯이, "우리는 우리 자신의 종차별주의를 대면해야 한다."[31] 그리고 "사회학을 사용해 이것[인간중심주의]에 도전할 수 있다." 는 페그스의 결론은 동물연구를 하는 모든 학문 분야가 추구해야 할 결론일 것이다.[32]

캐리 울프는 바로 이 작업, 동물연구를 통해 인간중심주의라는 장벽을 해체하는 일을 가장 엄밀하게 진행하는 학자다. 때로는 너무도 이 작업에 몰두하기에 동물을 등한시한다는 비판을 받기도 하지만, 그렇게 주변을 둘러보기에는 울프가 무너뜨리고자 하는 장벽이 너무도 높고 견고

---

31. Kay Peggs, *Animals and Sociology* (New York, Palgrave Macmillan, 2012), p. 151.
32. 같은 책, p. 152.

하다는 사실을 잊어서는 안 될 것이다. 포스트휴머니즘 연구자로서 그의 목표는 그만큼 확실하다. 그렇다면 이 목표를 향해 끊임없이 나아가도록 그를 이끄는 원동력은 무엇일까? 울프에게 있어서 헤일스의 **몸부림**에 상응하는 것은 과연 무엇일까? 이 질문에 답하기 전에 헤일스의 **몸부림**을 다시 살펴보자. 사실 몸부림이라는 말이 다소 처절하게 느껴지는데, 그렇다고 헤일스의 책에서 처절함이 바로 전해진다는 뜻은 아니다. 책에 언급된 사례 중에서는 기껏해야 모라벡의 제안을 듣고 악몽을 꾼 것이 가장 강렬할 정도니 말이다. 몸부림이라는 강렬한 느낌이 전달되지 않는 이유는, 헤일스에게 포스트휴먼의 몸은 이미 정보처리 기구이기 때문이다. 따라서 생명체의 몸으로서 죽고 사는 문제는 절실하게 다가오지 않고, 대신에 일종의 시스템으로서 어떻게 그리고 어떤 정보를 받아들일 것인가라는 문제, 즉 주어진 정보에 따라 어떤 변화를 가져올 것인가라는 문제를 고민한다. 물질성과 비물질성을 넘나드는 정보시스템으로서 항상 변형의 가능성을 지닌 몸은 헤일스에게 "깜박거리는 기표"다.[33] 그리고 그런 "몸에서 나오는 아우성"은 또 하

---

33. Hayles, *How We Became Posthuman*, p. 30.

나의 기표, 인간 언어는 아니지만 무언가 정보를 담고 있는 신호이고, 헤일스의 이후 연구는 이 신호를 어떻게 하면 수용·분석·저장 혹은 삭제할 수 있을지에 주목하고 있다.

　물론 처절함이 느껴지지 않는다고 헤일스의 몸부림이 상대적으로 미약하거나 무의미하다는 뜻은 아니다. 오히려 "존재/부재"의 이분법으로 나뉜 몸에 익숙한 우리가, 그래서 살고자 하는 몸부림만 처절하다고 느끼는 우리가, "패턴/우연성"으로 구성된 포스트휴먼의 '몸'의 고민을 아직 공유하지 못하기 때문에 그렇게 느끼는 것이다.[34] 하지만 당장 휴대폰이나 컴퓨터가 망가지거나 혹은 사용을 금지당해 소셜미디어에 접속하지 못하는 이들이 느끼는 극심한 불안감만 생각해 봐도, 특히 그들이 오프라인에서 사람들을 만나는 순간에도 여전히 불안해한다는 사실을 떠올리면, "존재/부재"의 틀은 이미 붕괴되고 있음을 알 수 있다. 그런 틀로 소셜미디어 중독에 걸린 사람들을 바라보는 한, 그들의 문제에 공감하기는 어려울 것이다. 물론 포스트휴먼이 그런 중독자라는 뜻은 아니다. 그렇지만 모두가 포스트휴먼이 되었다는 헤일스의 말은 누구나 그런 가능성을

---

34. 같은 책, p. 28.

가진 세상이 왔다는 뜻이고, 그렇기에 **몸**을 말하는 일이 더 중요해지는 것이다. '존재/부재'의 틀을 고수하는 이들에게 포스트휴머니즘의 선구자인 헤일스는 마치 미래에서 이야기하는 사람처럼 느껴질 수밖에 없다.

아마도 포스트휴머니즘의 또 다른 선구자인 울프가 헤일스를 비판하는 이유도 후자가 미래를 선점한 것처럼 보이기 때문일 것이다. 울프는 헤일스의 포스트휴머니즘이 "체현화의 우월한 초월성"이라는 환상에 **빠져**있다고 비난한다.[35] 포스트휴먼이 "물질적 구체화보다는 정보의 패턴을 우선시하고, 그 결과 생물학적 하층위의 체현을 생명의 필연적 결과가 아니라 역사의 우연이라고 여기"는 헤일스의 시각을 반박하면서, 울프는 "생물학적 하층위의 체현"이 인간의 언어와 의식으로 연결되는 진화론적 역사를 강조한다.[36] 그런 역사와 단절된 헤일스의 포스트휴먼은 사이버네틱스로 가능한 체현화의 초월성을 주목하고 있기에

---

35. Cary Wolfe, *What Is Posthumanism?* (Minneapolis, University of Minnesota Press, 2010), p. 120.
36. 같은 곳. 진화론적 역사를 강조한다고 하더라도 울프가 진화론으로 형성된 인간–동물의 위계질서를 옹호하는 것은 물론 아니다. 그에게 진화론은 인간–동물의 연속성을 확인시켜주는 이론이며, 이 연속성을 부정하거나 뒤틀어 형성된 위계질서를 해체하는 것이 포스트휴머니즘의 목표라고 할 수 있다.

궁극적으로 "일종의 우월한 초월성"을 추구하고 있다는 것이다.[37]

울프의 비난은 사실 적확하지 않은 측면이 있다. 앞서 논의했듯이 몸은 헤일스에게 가장 중요한 모티프다. "깜박거리는 기표"로서 몸은 체현과 비체현을 오가며 두 층위에 인간을 자리매김함으로써, 모라벡과 같은 트랜스휴머니스트들이 상상한 초월적 존재로서의 인간이 되지 않도록 한다. "기표"이기에 몸이 이미 탈체현화된 것이 아닌가라고 반문할 사람도 있겠지만, 이는 기표를 전통적인 방식으로 이해하기 때문이다. 1차 〈메이시 학회〉에서 정보가 비물질적으로 규정되었던 것과 같이, 인간 언어와 코드가 모두 물리적 기반에서 분리되었다고 간주한 것이다. 하지만 헤일스는 기표가 아무리 탈체현적으로 보인다 하더라도 물리적 기반이 필요하다는 점을 반복해서 강조한다. 기존의 문학이 종이와 펜이라는 물질이 필요하고, 디지털화된 문학이 컴퓨터와 컴퓨터를 작동시킬 전기가 필요하듯이 말이다. 기표를 어떻게 이해하든지 간에 헤일스가 탈체현화와 포스트휴먼을 등치시킨다는 울프의 비난은 다소 성급하게 느껴진다.

---

37. 같은 책, p. xv.

테크놀로지, 특히 사이버네틱스와 비교 미디어 연구를 통해 포스트휴머니즘에 접근하고 있는 헤일스와 달리 울프는 동물사회학과 비평이론을 통해 포스트휴머니즘을 전개한다. 이런 차이를 감안한다면 울프가 할 수 있는 좀 더 정당한 비판은 인간을 벗어나지 못하는 헤일스의 협소함에 가해졌어야 한다. 마치 피드백 루프를 형성하듯 헤일스의 포스트휴먼 논의는 항상 인간으로 되돌아온다. 인간이 어떻게 포스트휴먼이 되었고, 그것이 어떤 의미인지에 대한 고민이 우선이다. 결국 헤일스의 책 제목의 "우리"는 인간이고, 포스트휴먼은 이전에 인간이었던 존재다. 물론 기존의 인간중심주의적 인간 개념을 거부하는 일에 헤일스가 힘을 쏟지만, 비인간 존재에 대한 관심을 높이는 것이 주요한 목적인 포스트휴머니즘의 논의가 인간에게만 국한되는 것은 문제가 있다. 동물연구의 관점에서 포스트휴머니즘을 인간중심주의적인 휴머니즘에 대한 비판의 계기로 삼는 울프가 헤일스의 인간중심적 협소함을 지적하지 않는 점은 의아하기만 하다. 사실 인간중심적 협소함이라는 비판은 울프에게 가해지기도 한다. 『동물 제의』에 대한 서평에서 T. J. 러스티그Lustig는 "울프의 궁극적인 목표는 동물을 좀 더 '인간적'으로 만드는 것이 아니라 인간이라는 범주 자체를 흔드는 것이다. 여기에 문제가 있는 것은 아니지만, 이는 동물이 한 번도 진정한 주제가 아니었다는 의미다. 울프의 동물은 이론적 동물로 남아있다."고 비판한다.[38] 하지만 헤일스에 대한 울프의 비판과 마찬가지로, 러스티그의 비판도 성급한 면이 있다. 울프의 이론적 논의의 주제가 인간인 것은 맞지만, 그의 인간은 언제나 인간-동물이기 때문이다. 울프 자신도 밝히듯이 동물연구가 "비인간 동물의 특수성, 그들의 비분류적nongeneric 본성의 도전"을 받고 있지만, 그러한 "도전을 '밖에서'만, 즉 새와 짐승들 사이에서 찾는 것이 아니라 '바로 여기'에서, 우리가 인간이라고 부르는 것의 중심에서 찾는 일"도 중요한 것이다.[39]

　휴머니즘이 표방하는 독립적 인간 개념은 비인간, 특히 동물과의 자의적 구분을 통해서 만들어졌고, 따라서 그 개념은 동물로서의 인간을 부정한 결과일 뿐이다. 인간의 '독립'이란 인간도 동물이라는 불변의 사실을 감춘 환상이다. 울프에게 포스트휴머니즘은 휴머니즘이 테크놀로지와 결

---

38. T. J. Lustig, Review, *The Modern Language Review* 100.3 (2005), p. 755.

39. Cary Wolfe, "Human, All Too Human," *PMLA* 124.2 (2009), pp. 567, 572.

합하면서 20세기에 발생한 것이 아니라, 항상 휴머니즘의
중심에 도사리고 있었던 것이다. 이런 점에서 울프의 포스
트휴머니즘은 장–프랑수아 리오타르Jean-François Lyotard의
포스트모던과 유사한 역설적 시간관을 가지고 있다.[40] 즉,
그의 포스트휴머니즘은 "휴머니즘 이전과 이후에 동시에
등장"하는 것이다.[41] 문제는 포스트모더니즘에서도 그랬듯
이 이렇게 시공간적 정체성을 해체하면서 어떻게 윤리적 책
임을 물을 수 있는가이다. 플로렌스 치우Florence Chiew는 "언
제나 항상 인간–동물로서의 인간의 존재론적 상태를 강조
하는 울프의 주장은 인간에게서 비롯되어 비인간 동물로
이어지는 윤리적 과실을 책임지는 문제에 대한 그의 관심
과 상반된다."라고 이 문제를 짚어낸다.[42] 하지만 울프의 주

---

40. 빅터 테일러(Victor E. Taylor)는 "작품은 처음에 포스트모던이어야만 모
    던이 될 수 있다. 포스트모더니즘은 따라서 모더니즘의 끝이 아니라 생성
    단계에 있는 것으로 이해되어야 한다. 그리고 이 단계는 항상 존재한다."는
    리오타르의 말을 인용하면서, "포스트모더니즘은 단순히 모더니즘 이후의
    시간이 아니다. 또한 시간적 종결점을 갖고 있는 것도 아니다."라고 설명한
    다. Vicky Taylor, "Jean-François Lyotard, the Radical Imagination, and
    the Aesthetics of the Differend," *Imagination and Art*, edited by Keith
    Moser and Ananta Ch. Skula Leiden (Brill, 2020), pp. 412, 413.

41. Wolfe, *What Is Posthumanism?*, p. xv.

42. Florence Chiew, "Posthuman Ethics with Cary Wolfe and Karen
    Barad," *Theory, Culture & Society* 31.4 (2014), p. 61.

장과 관심은 치우가 지적하는 것보다 훨씬 더 밀접하다. 왜냐하면 그에게 동물에 대한 윤리적 관심은 타인에 대한 동정이나 연민이 아니라, 동물로서의 인간 본인에 대한 것이기 때문이다. 그렇게 자기 자신에 대한 관심이어야만 윤리적 관심이 유지될 것이라고 울프는 믿는 듯하다. 따라서 그가 우려하는 점은 인간이 자신과 동물을 구분하면서 자신의 일부를 잊어버리고 만다는 것이다. 이때 울프가 느끼는 상실감은 기억이나 감정의 차원만은 아니다. 그 상실감은 윤리적 역량을 영영 잃어버리는 것에 대한 두려움이고, 그렇기에 그만큼 절실하다.

울프의 상실감의 의의는 포스트휴머니즘이 자라난 토양이라고 할 수 있는 포스트모더니즘의 맥락에서 생각해 볼 만하다. 특히 포스트모더니즘과 니힐리즘의 긴밀하고, 어쩌면 역설적인 긴장 관계에 대한 리오타르의 탐색은 그의 "무인간"inhuman 논의만큼이나 울프의 작업을 이해하는 데 도움이 될 것이다. 에슐리 우드워드Ashley Woodward가 『포스트모더니티의 니힐리즘』에서 정리하듯이, 포스트모더니즘이 "정통적 가치의 쇠락과 이성과 발전이라는 계몽주의 이상의 붕괴"를 표방한다는 점에서, 초반에 많은 이들이 포스트모더니즘과 니힐리즘을 연결시키며 부정적 시각을 가졌다.[43] 하지만 우드워드는 이러한 부정적인 시각을 반박한다. 니체의 철학을 돌아보며 그는 "모더니스트 사상가들이 포스트모더니즘이 폄하한다고 비난하던 진실, 사실, 선과 같은 가치들이 사실 존재론적 니힐리즘의 '근원'이다."라고 짚어낸다. "따라서 이런 가치들을 폄하하는 것이야말로 삶의 가치와 의미의 부정이 아니라 좀 더 확실한 긍정으로 이어질 것"이라고 우드워드는 주장한다.[44]

특히 리오타르는 포스트모더니즘을 모더니즘의 거대한 내러티브, 즉 메타내러티브metanarrative의 종식으로 보면서 니힐리즘의 시작이 아니라 끝을 예견한다. 왜냐하면 메타내러티브는 초월적인 무언가를 상정하여 그것을 성취할 수 없는 삶을 조성하는 일종의 "종교적 니힐리즘"을 양산해왔기 때문이다. 따라서 포스트모더니즘은 이런 니힐리즘을 끝내려는 시도라고 말할 수 있다.[45] 리오타르에게 메타내러티브의 종식으로 발생한 "사회적 파편화와 전통의 손실"은 "의미의 혼란"이 아니다. 오히려 정의롭지 않은 모더니티를

---

43. Ashley Woodward, *Nihilism in Postmodernity* (Aurora, Colorado, Davies Group, 2009), p. 21.
44. 같은 책, p. 22.
45. 같은 책, p. 129.

"반복할 수 있게 만들었던 조건들을 제거하는" 긍정적 의미가 있는 것이다.[46] 하지만 그렇다고 리오타르가 포스트모더니즘에 니힐리즘이 없다고 말하는 것은 아니다. 메타내러티브가 사라진 빈자리에 포스트모더니즘의 등장을 이끈 테크노사이언스와 자본주의가 들어서면서 기존의 절대적 가치가 아닌 "수행성의 기준"을 행사하고 있기 때문이다.[47] 우드워드는 이 기준을 "환원적 니힐리즘의 한 형태"라고 말하고, 리오타르는 이러한 "신-니힐리즘"neo-nihilism이 "포스트모더니티 내의 매우 심각한 문제"라고 본다.[48]

포스트모더니즘이 모더니티에서 시작한 이성과 진보라는 메타내러티브의 종식을 고하는 것으로 시작했다면, 포스트휴머니즘은 인류 문명의 시작부터 작동해온 인간중심주의라는 메타내러티브를 해체하고자 한다. 하지만 리오타르의 포스트모더니즘의 경우와 마찬가지로, 이러한 포스트휴머니즘의 작업을 "의미의 혼란"만을 야기하는 니힐리즘의 한 형태로 이해해서는 안 된다(다람쥐의 생각이 아무런 의미가 없다고 한 맥휴의 교수처럼 말이다). 오히려 인간

---

46. 같은 책, p. 130.
47. 같은 곳.
48. 같은 책, pp. 131, 133.

중심주의가 사라짐으로써 가능해진 "삶의 가치와 의미"를 되찾는 작업이라고 할 수 있다. 그리고 인간을 우선함으로써 억압되었던 "가치와 의미"가 가장 활기차게 등장할 곳이 동물일 것이라는 추측은 자연스럽게 다가온다. 따라서 포스트휴머니스트로서 동물에 대한 울프의 작업은 너무도 당연한 선택이다. 하지만 헤일스와 리오타르가 걱정했듯이, 인간을 코드의 조합체로, 기계와 다름없는 존재로 만들어 인간중심주의를 종식한 테크노사이언스는, 그리고 테크노사이언스의 발달을 가속화한 자본주의는, 역설적으로 인간 정신의 극단적 우월성을 추구함으로써 새로운 방식으로 인간중심주의를 작동시키고자 한다. "삶의 가치와 의미"를 찾자마자 다시 잃어버릴 위험에 처한 것이다. 울프의 상실감은 바로 이 위험에서 기인하고, 그에게 동물은 그 가치와 의미를 항상 베푸는 존재다.

인간-동물의 흔적을 찾아서

『동물 제의』의 서문에서 W. J. T. 미첼Mitchell은 "동물권의 철학적 토대"를 우선적으로 마련하고자 하는 피터 싱어의 "동물권에 대한 공리주의적 정당화" 작업과 울프의 논의를 구분한다.[49] 울프는 "'동물권'이 '인권'만을 모델로 해서 만들어지면서도 동시에 인권은 동물에게 권리를 주지 않는 데서 기인한다는" 역설을 보여줌으로써, 그러한 공리주의적 토대에서 벗어나고자 한다.[50] 따라서 그의 작업은 동물권 논의를 정치적 혹은 이데올로기적 행동을 촉발하는 계기가 아니라 "성찰을 위한 심오한 문제"로 다루고, 따라서 싱어를 위시한 기존의 동물권 작업과 다르다.[51] 더 나아가 울프의 논의는 인간과의 유사성 – 고통, 사회성, 언어 능력, 이타성 – 을 강조하는 기존의 "상응 이론"correspondence theory에 머물지 않고, 동물의 "비언어적인 면," 즉 "침묵, 응시, 몸짓, 반사 신경" 등에 주목하며, 또한 "언어, 예술, 사회 형식 등의 비인간성"을 드러내는 데 집중한다고 미첼은 설명한다.[52]

이처럼 미첼이 「서문」에서 명료하게 밝히듯이, 울프의 동물 논의는 동물권의 현실적인 확장을 주장하는 활동가나 학자들의 논의와는 사뭇 다르다. 울프에게 동물은 정말

---

49. W. J. T. Mitchell, "The Rights of Things," *Animal Rites* by Cary Wolfe (Chicago, University of Chicago Press, 2003), p. xii.
50. 같은 글, p. xiii.
51. 같은 곳.
52. 같은 곳.

로 살아있는 현실의 동물이 아니라 철학이나 문화양식에서 존재하는 은유적인 도구에 가깝다고 비판을 할 수 있는 이유도 여기에 있을 것이다. 예를 들어 빈트는 "울프의 책은 동물에 대한 것이라기보다는 동물이 우리의 문화에 의해서 이용되는 것에 대한 책"이라고 비판한다.[53] 하지만 설령 그러한 비판을 받을 요인이 충분히 있다고 해도 울프의 동물 논의의 중요성이 줄어든다고 보기는 힘들다. 울프의 논의가 해체하고자 하는 뿌리 깊은 인간중심주의, 종중심주의speciesism[54]가 사라지지 않는 한 어떠한 동물권의 성취도 쉽사리 무너질 위험에 처해있기 때문이다. 따라서 울프의 작업의 경중은 그가 읽어내는 수많은 난해한 이론서와 철학서가 인간중심주의라는 거대하고 오래된 성의 일부라는 점을 깨달아야 파악할 수 있다. 그런 곳에서 빠져나오기는 쉽겠지만, 그 안에서 붕괴를 꾀하는 일은 힘겹고 위험할 수밖에 없다. 그런 위험을 감수하고서라도 인간중심주의를 해체해야 할 만큼 그는 절실한 것이다.

---

53. Sherryl Vint, "The Animal Is Us," Review, *Science Fiction Studies* 31 (2004), p. 164.
54. 인간중심주의와 종중심주의는 물론 서로 다른 개념이지만(예를 들어 종 중심주의가 꼭 인간을 우선하는 것은 아니다), 여기서는 둘 다 위계질서를 형성한다는 공통점에 주목하여 교차사용을 한다.

애초에 울프가 "종중심주의 제도"에 반기를 들게 한 절실함이 어디서 기인했을까?[55] 상술했듯이, 나는 그의 절실함은 깊은 상실감에서 유래한다고 본다. 인간이 되기 위해 의식적 혹은 무의식적으로 놓쳐버린 것에 대한 상실감을 울프의 글에서 느끼기 때문이다. 동물과의 직접적 관계를 잃어버린 상실감이 일부일 수는 있겠지만, 울프의 상실감은 인간과 동물을 구분하기 이전에 둘이 공유했던 감각과 감정을 향한 것에 더 가깝다. 그의 상실감의 근저를 파헤치면 잃어버린 감각과 감정을 되찾음으로써 좀 더 완벽한 인간이 되고 싶다는 욕망이 숨어있는지는 모를 일이다(물론 그렇지는 않다고 본다). 하지만 분명한 점은 그의 논의가 잃어버린 것을 들춰냄으로써 "종중심주의 제도"가 인간에게 풍요로운 삶이 아니라 피폐한 삶을 초래했음을 확인시키고, 궁극적으로는 그 제도를 무너뜨리려 한다는 것이다.

책의 서론에서 프로이트를 언급하는 대목을 살펴보면 울프의 의도를 짐작할 수 있다. 프로이트는 『문명 속의 불만』에서 직립보행으로 "후각 자극의 감소"가 이루어진 현상, 이른바 "유기체적 억압"을 "인간의 근원"으로 제시한

---

55. Wolfe, *Animal Rites*, p. 2.

다.[56] 여기서 울프는 "냄새를 맡는 동물을 희생시켜 눈으로 보는 인간을 안정화시킨 프로이트의 작업은 시각의 표상으로 지속된다."고 주장하면서, 그러한 표상은 이후 사르트르나 푸코의 작업에서도 찾아볼 수 있다고 덧붙인다.[57] 하지만 울프가 여기서 진정으로 주목하는 바는 인간이라는 겉으로는 안정된 결과물도 아니고, 희생된 동물에 대한 인간의 윤리적 책임도 아니다. 그에게 중요한 것은 후각의 약화로 대변되는 상실이다. 즉, **동물을 위하는 것**이 아니라, 상실을 메꾸어 인간 고치기를 수행하는 것이 그의 목표다. 그렇기에 울프는 "종중심주의를 대면하고 포스트휴머니스트적인 주체 이론을 고안해야 하는 윤리적이고 철학적인 절박함은 **동물을 좋아하는지 아닌지와 전혀 상관없다.**"고 말한다.[58] "**동물을 좋아하는지 아닌지 상관없이**" 꼭 해야만 하는 논의, 하지만 결국 인간과 동물 모두에게 적용되는 논의가 바로 울프가 하고자 하는 작업이다. 그리고 그 작업은 "인간의 중심에 자리 잡고 있는 인간이 아닌 무엇"을 완전히 잃어버릴 수 있다는 절박한 상실감에서 시작한다.[59]

---

56. 같은 곳.
57. 같은 책, p. 3.
58. 같은 책, p. 7.

책의 첫 장에서 울프는 뤽 페리Luc Ferry의 『새로운 생태학적 질서』를 꼼꼼히 읽어가면서, 페리뿐만 아니라 생태학, 동물권 논의 전반에 숨겨져 있는 종중심주의를 노출시킨다. 페리는 현대의 환경운동론, 에코페미니즘, 동물권 운동 등이 표방하는 이른바 "세계적 시각"world vision에 담긴 전체주의적인 측면을 우려하며, 좀 더 "현실적이고secular 민주적인 세계의 성숙한 발달"을 지속해야만 한다고 주장한다.[60] 하지만 울프는 페리의 자유민주주의 논의가 "자유민주주의의 실질적인 경제체제인 자본주의의 문제"를 제외한다는 점에서 (비록 책의 후반부에 이와 다른 제스처를 취하기는 하지만) 충분하지 않다고 비판한다.[61] 다시 말해서 대부분의 환경론에서 주창하는 전체론wholism에 대한 페리의 비판은 사실 자유민주주의에 관한 무비판적인 수용을 바탕으로 진행되기에, 그가 옹호하는 "차이와 이종성에 대한 욕망"은 마땅히 의심받아야 하는 것이다.[62]

"자유민주주의를 현실화시키는 경제적 구조"[63]인 자본

---

59. 같은 책, p. 17.
60. 같은 책, pp. 11, 12.
61. 같은 책, pp. 12~13.
62. 같은 책, p. 23.
63. 같은 책, p. 32.

주의에 함의된 인간과 물질 사이, 그리고 인간과 동물 사이의 착취 관계를 무시하면서, 자유민주주의만을 이상으로 삼는 것은 모순적이면서 심지어 위선적이라고까지 할 수 있다. 울프는 그 위선의 이면에 자유로운 인간에 대한 열망인 "자유 인본주의적 **종중심주의**"가 도사리고 있음을 지적한다.[64] 페리는 생명중심주의 혹은 생명다양성biodiversity을 근거로 동물권을 주장하는 이들이 누구의 생명이 더 소중한가라는 질문에 답할 수 없다고 비판하며, 생명 대신 "자유"를 질문의 핵심으로 삼는다.[65] 하지만 울프가 보기에, "자유" 또한 누구의 자유가 더 중요한가라는 질문으로 이어지고, 여기에 대한 명확한 답이 나오기는 힘들다. 결국 페리의 자유는 보기보다 훨씬 더 자유롭지 못하다.[66] 이처럼 페리가 우선시하는 자유는 자유민주주의의 "'사회계약론적' 윤리 모델"에서 벗어나지 못하고, 계약의 당사자로 인간만이 남는 종중심주의를 재연하는 한계를 보인다고 울프는 지적한다.[67] 특히 울프가 주목하는 대목은 페리가 "동

---

64. 같은 곳.
65. 같은 책, p. 37.
66. 같은 책, p. 38.
67. 같은 곳.

물에게 자행된 잔인함과 악독한 대우로 초래된 가장 심각한 결과는 인간이 스스로 품위를 떨어뜨리고 자신의 인간성을 잃었다."고 선언한 대목이다.[68] 여기서 울프는 그의 선언이 인간의 우월성에 대한 암묵적 전제를 내포하고 있다고 지적하며, 자신의 비판이 틀리지 않았음을 재확인한다.

동물권자와 급진적 환경론자의 종중심주의를 비판하는 페리마저도 종중심주의에서 벗어나지 못하고 있음을 드러내면서, 울프는 이들 모두가 처한 "피할 수 없어 보이는 딜레마"를 어떻게 벗어날지 묻는다.

다시 말해서, 만일 우리가 "누가 윤리적인 대우를 받을 것인가?"라는 질문을 "특정 사회의 특정한 편견과 편협함에 맞춰진 사람"이라는 말로 답하는 정치적 위험을 피하고 싶다고 해도, 어떻게 유일하게 가능한 대안인 듯이 보이는 답마저도 피할 수 있겠는가? 즉, 사회계약의 우연성에서 벗어나 있는…무조건적인 자연적 토대(예를 들어 싱어의 "고통")를 찾는다는 대안마저도 피할 수 있을 것인가? 내 생각에 이 딜레마를 피하는 방법은 철저하고 실용주

---

68. 같은 곳.

적인 접근법을 받아들이는 것이다. 물론 여기서 실용주의 pragmatism는 내가 다른 곳에서 상세하게 밝혔듯이 포스트모던 이론과의 꾸준한 조우를 통해 배양된 것을 말한다.[69]

실용주의에 대해 울프는 "역사적으로 그리고 사회적으로 결정되는 담론인 '윤리'의 경우, 우리는 특정 종이나 그 어떤 것에 대한 편견 없이 윤리적으로 의미 있는 특징과 행동을 결정하기 위해 우리가 만들어낸 규칙과 규범을 꾸준히 적용해야만 한다는 사실"을 받아들이는 것이라고 덧붙여 말한다.[70] 동물을 대상으로 만든 특별한 법이나 윤리 규범, 혹은 동물 때문에 새로운 보편적 기준을 세우는 행동은 결국 인간과 동물의 구분을 재생산하는 것과 마찬가지다. 대신 울프의 실용주의적 접근법은 종중심주의를 표방하지 않고 만들어진 기존의 윤리적 "규칙과 규범"을 재활용하고자 한다. 종중심주의에 휘둘리지 않고 그 "규칙과 규범"을 "엄격하게 적용하기만 한다면 휴머니즘은 스스로 해체를 일으키고 말 것"이라고 그는 역설한다.[71]

---

69. 같은 책, p. 39.
70. 같은 책, p. 41.
71. 같은 책, p. 42 ; 물론 그런 "규칙과 규범"이 본질적으로 종중심주의에서 벗

『동물 제의』의 가장 핵심이라고 할 수 있는 두 번째 장은 비트겐슈타인의 수수께끼 같은 가설, "만일 사자가 말할 수 있다고 하더라도, 우리는 그것을 이해하지 못할 것이다."에 대한 빅키 헌Vicki Hearne의 비판을 살펴보면서 시작한다.[72] 사자에 대한 비트겐슈타인의 가설을 "가장 흥미로운 실수"라고 지칭하면서, 헌은 현실에서는 사자와 사람이 서로 이해하는 순간이 있다고 지적한다.[73] 이처럼 기초적인 실수에도 불구하고 그의 가설이 흥미로운 이유는 사자의 언어에 담겨있는 의식, "인간의 의식 너머의 모든 의식"에 대한 인간의 무지를 보여주기 때문이라고 울프는 말한다.[74] 울프는 헌이 그러한 무지를 비트겐슈타인적으로 해결하려 한다는 역설을 지적한다. 즉, 헌은 "동물조련이라는 공동

어나 있는지는 의문이다. 게다가 종중심주의에서 벗어난 "규칙과 규범"이 있다고 하더라도 과연 현실의 복잡한 상황에 적용가능한지 모르겠다. 결국 인간이 수행하는 과정에서 종중심주의가 다시 등장하지 않으리라는 보장도 없다. 종중심주의의 엄청난 영향력을 감안한다면 "엄격하게"라는 말은 이상적으로 들리기만 한다. 울프의 입장에는 분명 이와 같은 한계가 있다. 어쩌면 그가 "실용주의적 접근법"을 강조하는 이유는 이러한 한계를 인지해서가 아닐까? 즉, 한계에도 불구하고 주어진 상황에서 가장 적절한 해결책을 모색하는 접근법을 제시한다고 이해하고자 한다.

72. 같은 책, p. 44.
73. 같은 곳.
74. 같은 책, p. 45.

언어가 매우 다른 현상계를 가진 존재들에게 공동의 세계를 만들어준다."고 말하는데, 이는 동물과 인간을 동일한 "언어 게임"에 참여시키는 것과 다름없다. 동시에 그는 같은 언어 게임에 참여하고 있다는 사실을 근거로 동물의 권리를 인정해야 한다고 주장하기도 한다.[75] 예를 들어 개와 주인이 공유된 언어로 소통한다면, 즉 "나의 개"로서 내 말에 반응하고, 내게 무언가를 요구한다면, 그 개는 "나의 소유물"로서 권리를 보장받게 된다는 것이다.[76]

이 시점에서 울프는 비트겐슈타인과 헌, 그리고 두 사람의 작업에서 "철학적 회의주의에 대한 재평가" — 우리가 모르는 타자의 정신이 존재한다는 "공포"를 극복하기 위해 그 정신이 존재하지 않거나 혹은 그 정신을 알 수 있다고 말하는 것이 아니라, 그 "공포"를 계기로 우리가 안다고 하는 것 자체에 대해서 회의적인 탐색을 계속하는 것 — 의 중요성을 발견한 스탠리 카벨Stanley Cavell까지, 세 사람을 모두 비판한다.[77] 우선 비트겐슈타인의 언어 게임은 경기에 참여하는 이들이 종에 상관없이 윤리적인 대우를 받는다는 점에서 종중심주의

---

75. 같은 책, p. 48.
76. 같은 책, p. 49.
77. 같은 책, p. 47.

를 벗어난 듯이 보이지만, 이 게임에 참여하지 못하는 이들, "즉 다른 언어를 하는 이들에 대한 윤리적 책임을 약화하는" 결과를 낳는다.[78] 또한 헌의 권리 논의에서 보이듯이, 언어 경기에 참여하는 이들 사이에서조차 위계질서가 생기면서 주인인 인간의 개념에 맞춰서 동물에게 권리를 부여하는 "인종중심적"ethnocentric 구도에서 벗어나지 못하고 있다고 울프는 지적한다.[79] 마지막으로 카벨은 인간에 대한 "철학적 회의주의"가 "동물 타자와 공유된 세계에 인간을 개방하는 일"이라고 주장하지만, 울프는 이조차도 "동물 타자가 인간 형태를 반영하는 한해서만 중요하다."라는 전제에서 막히고 만다고 꼬집는다.[80]

"포스트휴머니스트 아니면 적어도 반인간주의"를 표방하는 리오타르는 언어 게임의 "무인간적"inhuman 성격을 더욱 드러내면서 비트겐슈타인의 한계를 넘어서는 듯하다. 하지만 여기서도 울프의 비판은 멈추지 않는다. 리오타르는 동물을 "칸트적 외세," 즉 "인간의 존재론적 완벽함이라는 우리의 전통적 이미지가 결국 전부 환상이라는 사실, 그 이

---

78. 같은 책, p. 51.
79. 같은 곳.
80. 같은 책, pp. 52~53.

미지가 우리의 우연성, 우리의 물질성, 우리의 '말해짐'을 부정하는 모래성 위에 지어진 환상이라는 사실"을 드러내는 존재라고 추켜세운다.[81] 그러나 그에게 동물은 바로 이 순간까지만 필요하고, 그 이후에는 다시 "망명, 얼굴 없음"의 존재가 된다고 울프는 지적한다.[82]

그렇다면 비트겐슈타인과 리오타르의 한계를 어떻게 뛰어넘을 것인가? 이 질문에 답하기 위해 울프는 두 사람과 데리다의 차이를 부각시킨다. 데리다는 리오타르처럼, 그리고 레비나스나 라캉과 마찬가지로, 동물이 인간 개념의 태생적 구조성을 보여주는 이른바 "가장 다른 다름"the most different difference이라는 점을 역설한다. 하지만 데리다는 그들과 달리 동물의 다름으로 인간을 해체하는 데서 만족하지 않고, 동물의 다름을 계속 유지해야 함을 강조한다. 즉 동물이 자신을 보고 있는 순간, 예를 들어 고양이의 시선을 느끼는 순간, "절대적 타자의 시점"이 바로 "[가까운] 이웃의 절대적 타자성"임을 감지하는 것이다.[83] 이런 점에서 울프는 데리다가 동물을 다루면서 특별히 강조하는 대상은

---

81. 같은 책, p. 62
82. 같은 곳.
83. 같은 책, p. 71.

바로 "비인간 자체"라고 정리한다.[84]

　"절대적 타자"가 남긴 "인간 너머의 흔적"은 울프에게 "인간과 동물 사이 '경계의 종단'"뿐만 아니라 "철학과 과학의 학제간 종단"을 시도하도록 돕는다.[85] 종단이 가능한 이유는, 데리다의 유명한 말처럼 모든 것이 텍스트고 따라서 흔적도 언어적으로 남아있기 때문이다. 하지만 이러한 종단을 시도할 때 주의할 점이 있다. 바로 흔적을 인간 언어로만 제한해서 이해해서는 안 된다는 것이다. 데리다가 경고하듯이, 흔적을 통한 종단은 동물에게 인간 언어의 능력을 허용하여 흔적을 남기게 한다는 의미가 아니다. 그가 의미한 바는 인간과 동물의 언어가 질적인 차이가 아닌 정도의 차이를 가진다는 것이다. 즉, "물질성과 기술성과 우연성의 장에서 펼쳐진 의미화 과정 중에서 발생한 차이일 뿐이고, 이 경우에 '인간'의 '언어'는 특수하지만 매우 세련된 하나의 예일 뿐이다."[86] 정리하자면 "인간 너머의 흔적"이 종간 종단을 할 수 있는 이유는 바로 그것이 인간 언어의 파생물이 아니며, 인간 언어를 포함한 좀 더 넓은 의미의 언어

---

84. 같은 책, p. 77.
85. 같은 책, p. 78.
86. 같은 책, p. 79.

적 영역의 파생물이기 때문이다.

여기서 울프는 데리다의 흔적이 학제간 종단으로 이어질 가능성을 찾는다. 하지만 이 가능성을 학문적인 확장의 차원에서만 바라봐서는 안 될 것이다. 거꾸로 확장이 가능한 이유는 바로 인간이 이룬 모든 학문적 분야에서 이미 "인간 너머의 흔적"이 있었기 때문이다. 어쩌면 확장한다는 말보다, 확장되어 있었음을 확인한다는 것이 더 정확한 표현인지도 모르겠다. 어쨌든 그러한 흔적이 있었다는 사실은 그 분야들이 결코 인간만의 것이 아니라는 의미다. 그리고 그 분야들에서 다뤄지는 비인간 존재들이 아무런 말도 없이 침묵하고 있었던 것이 아님을 깨닫게 한다.

데리다 본인이 과학 분야 전반, 특히 생물학 분야에 "흔적" 논의를 포함시킬 수 있다고 말한 것처럼, 생물학자인 마투라나와 바렐라의 오토포이에시스 이론과 이를 바탕으로 발달한 2차 사이버네틱스 이론은 데리다의 논의와 많은 유사점을 보인다. 오토포이에시스에 관해 울프는 마투라나와 바렐라의 설명을 인용한다. "환경의 구조는 오토포이에시스적 단일체의 구조적 변화를 단지 **촉발할 뿐**이다(변화를 규정하거나 지시하지 않는다) … 이런 방식으로 … 생명체와 환경의 상호작용으로 생기는 변화는 자극을 주는 매개체에 의해 시작하지만, 결국 **자극을 받은 시스템의 구조에 의해서 결정된다.**"[87] 다시 말해서 환경의 무언가가 그대로 재현된 방식으로 시스템 내에서 작용하는 것이 아니라, 그것을 시스템이 자체적으로 구분한 신호로 받아들여 구조의 변화를 유발한다는 것이다. 이처럼 "재현적 모델로부터의 탈피"가 두 사람의 연구를 특별하게 만드는 점이라고 울프는 강조한다.[88] 여기서 그는 마투라나와 바렐라의 이론이 "일종의 데카르트적 오만," 즉 "세계의 다중성과 우연성을 정복할 수 있는 특별한 힘이 인간 언어에 있다는 환상으로 빚어진 이상주의"를 탈피한다고 밝힌다.[89] 오토포이에시스 이론에 따르면, 환경의 자극을 받아 생명체가 만들어낸 구조와 세계(관)는 환경을 그대로 그리고 객관적으로 재현한 것이 아니다. 따라서 인간이 그렇게 재현할 수 있다고 생각하는 것은 환상이며, 더 나아가 그러한 재현에 맞춰 세상을 통제하고 변화하려는 시도는 오만할 뿐만 아니라 비윤리적이다.

물론 울프는 마투라나와 바렐라의 논의가 데리다의 논

---

87. 같은 책, p. 82.
88. 같은 곳.
89. 같은 책, p. 89.

의와 "반대 방향"으로 향하고 있다는 점을 인지한다.[90] 즉, 전자가 환경의 "물질성과 우연성"이 어떤 방식으로 생명체에 반영되는지에 관심을 두는 반면에, 후자는 인간이 스스로 만들어낸 "로고스"의 통제를 받지 않은 채 흔적으로 남아있던 "물질성과 우연성"을 되찾아 환경을 부각시키려는 것이다.[91] 이처럼 상반된 방향성에도 이들이 "언어 게임의 자기지시적self-referential 닫힘"을 인식한다는 사실은 "역설적으로 이들을 일종의 통합convergence으로 이끈다."고 지적하며, 울프는 루만의 시스템 이론으로 이 현상을 설명한다.[92] 기능과 코드가 다른 시스템들이 유사함을 가지는 이유는 무언가 "심층 구조" 같은 것이 공유된다는 의미이고, 루만은 자기반영적인 "이차적 관찰"을 그런 구조로 제안한다.[93]

　루만에 대해서는 아래에서 좀 더 다루겠지만, 여기서 그의 제안이 의미하는 바는 그러한 관찰로 드러나는 오토포이에시스적 "세계(관)"의 불완전함이다. 환경의 "물질성과 우연성"은 그 세계에 포섭되지 않은 채 흔적으로 남아있다.

---

90. 같은 책, p. 92.
91. 같은 책, pp. 92~93.
92. 같은 책, p. 93.
93. 같은 책, p. 94.

인간중심주의적인 세계관에 인간적이지 않을 수 있는 무언가가 "내재"되어 있다는 말이다. 아무리 인간 언어로 그것들을 묘사하고 설명한다고 해도 그 사실은 변함이 없다. 만일 이 사실을 부정한다면 인간은 결국 허위적인 삶을 살고, 세계를 잃고 말 것이다. 따라서 생명체로서 인간이 이 세계에서 생존하기 위해서는 데리다가 "흔적"이라고 하는 이 비인간적인 무언가를 잊지 말아야, 그리고 잃지 말아야 한다.

"닫힘에서 열림으로": 인간-동물 되찾기

2010년에 출간된 울프의 『포스트휴머니즘이란 무엇인가?』는 제목만 보고 포스트휴머니즘에 대한 집중된 논의를 기대한 독자를 다소 당혹스럽게 한다. 우선은 울프의 이전 책인 『동물 제의』와는 달리 동물에 대한 논의가 전면에 드러나지 않는다. 헤일스가 사이버네틱스로 대표되는 현대 과학기술의 발달로 필연적으로 변화한 인간 개념과 존재에 집중하며 이른바 테크놀로지적 포스트휴머니즘을 주도했다면, 울프는 동물과 인간의 관계를 재고하여 인간중심주의를 해체하는 포스트휴머니즘을 발전시켰다. 하지만

『포스트휴머니즘이란 무엇인가?』에서의 동물 논의는 상당히 진행됨에도 불구하고 책의 중심으로 느껴지지 않는다. 대신 책의 초점은 데리다의 해체이론과 루만의 시스템 이론에 맞춰져 있고, 결과적으로 논의는 (이전 책도 물론 이론적이기는 하지만) 매우 이론적으로 느껴진다.

톰 퀴크Tom Quick의 부정적인 평가는 바로 이 문제를 짚어내고 있다. 그는 "울프의 책은 포스트휴먼의 조건이 아카데미 중심의 포스트휴머니즘으로부터 생긴 효과가 아니라는 사실을 잊은 듯하다."라고 지적하면서, 데리다와 루만을 깊게 논의함으로써 포스트휴머니즘이 적절하게 전달될 것이라는 울프의 기대가 틀렸다고 비판한다.[94] 퀴크는 울프의 책이 "아카데미적 자기반영성"을 보이기에, 결국 "세상의 포스트휴머니티의 역동성을 … 그 포스트휴머니티와 거리를 둠으로써 통제하려는 내향적 태도"에 빠져있다고 비판한다.[95] 울프의 윤리적 논의가 모호하다는 마이클 런드블라드Michael Lundblad의 지적도 같은 맥락에서 이해할 수 있다. 런드블라드는 "울프가 '그의 목표는 동물권을 주장하는 것이 아니며' '권리'의 논리에 적극적으로 동의하지 않는

---

94. Tom Quick, Review, *History of Human Sciences* 25.3 (2012), p. 161.
95. 같은 곳.

다는 점을 분명히 밝히지만, 자신의 윤리적 자세가 좀 더 복잡한 문제들을 어떻게 다룰지에 대해서는 모호한 입장을 유지한다."고 지적한다.[96] 울프의 『동물 제의』에 대한 지적이지만, 사실 『포스트휴머니즘이란 무엇인가?』에 더 유효한 비판이다. 적어도 앞의 책에서는 동물이 중심이 되기 때문이다. 하지만 지나치게 이론적으로 흐르는 『포스트휴머니즘이란 무엇인가?』에서 실천적인 무언가를 이끌어내기는 힘들어 보인다.

울프가 아카데믹한 이론적 논의로 포스트휴머니즘을 전개한다는 비판은 공교롭게도 그가 높이 평가한 데리다의 동물 논의에 대한 해러웨이의 비판을 떠올리게 한다. 「동물이다, 고로 나는 존재한다」에서 데리다는 목욕을 하고 나온 자신을 바라보는 고양이의 시선으로 동물 논의를 시작하지만, 결국 철학적 논의에 빠져 "동반종companion species으로서의 간단한 의무를 지키지 못했다."고 해러웨이는 비판한다.[97] 즉, 데리다가 "그 고양이가 실제로 무엇을 하는

---

96. Michael Lundblad, "The Animal Question," *American Quarterly* 56.4 (2004), p. 1128.
97. Donna J. Haraway, *When Species Meet* (Minneapolis, University of Minnesota Press, 2008), p. 20.

지, 무엇을 느끼는지, 무슨 생각을 하는지, 혹은 아마도 그 날 아침 그를 바라보면서 무엇을 가능하게 하는지에 대해 궁금해하지 않았다."고 지적하며, 해러웨이는 "철학자로서의 데리다"가 그런 궁금증을 어떻게 다뤄야 할지 몰랐을 것이라고 추측한다.[98] 앞서 비트겐슈타인과 리오타르가 동물을 필요한 만큼만 이용하는 데 그쳤다고 비판하면서 데리다를 대안으로 제시했던 울프였지만, 역설적으로 이제는 그와 데리다가 같은 비판을 받는다. 동물을 철학적 논의의 계기로만 이용한다고, 그래서 실천적인 면이 삭제된 이론적 논의만 한다고 비난받는 것이다.[99]

특이하게도 해러웨이는 울프의 책에 대한 비판에 또 다른 단초를 제공한다. 조슈아 라베어Joshua (Sha) LaBare는 서

---

98. 같은 책, pp. 20, 22.
99. 자히 잘루아는 『포스트휴먼이 되는 것』에서 데리다에 대한 해러웨이의 비판이 "주체성을 완전히 없애는 포스트휴머니즘의 위험"을 향한 것이라고 분석한다(Zahi Zalloua, *Being Posthuman* [London, Bloomsbury, 2021], 74). 즉, 데리다의 후기구조주의적 포스트휴머니즘이 주체의 불가능성을 상정하기에, 결국 자신과 조우하는 동물의 주체와 그 동물과의 물질적 관계에서 눈을 돌린다는 것이다. 하지만 잘루아는 해러웨이가 너무 성급하다고 지적하면서, "데리다의 포스트휴머니즘적 개입은 관계성을 수용할 수 있고, 실제로 수용한다"고 주장한다(같은 곳). 데리다에게 동물은 "타자의 타자"(the other's other)로서, 완전히 인식될 수 없는 존재로 남아있고, 데리다의 윤리적 목표는 그런 존재를 "무조건적인 환대"(unconditional hospitality)하는 것이라고 잘루아는 설명한다(같은 책, 75).

평에서 "나는 『포스트휴머니즘이란 무엇인가?』라는 제목의 책이 왜 이 이론적 틀에 거의 전적으로 의존하고 있는지 모르겠다."고 불평하면서, "특히 이 틀이 동물연구와 포스트휴머니즘의 발전에서 주축인 두 사상가"인 브뤼노 라투르나 해러웨이를 제외한다는 점에서 더욱 문제라고 지적한다.[100] 데리다와 루만에 대한 과도한 집중은 결국 책의 후반부에 예술과 문학 텍스트를 다루는 과정에서 역효과를 낸다고 라베어는 평한다. 텍스트가 던지는 질문을 루만의 이론으로 재단하는 바람에, 그 질문들이 포스트휴머니즘과 어떤 연관성이 있는지를 "독자의 상상력에 맡기"는 실수를 범한다는 것이다.[101]

하지만 포스트휴머니즘을 과도하게 이론적으로 접근하거나 학술적인 영역으로 국한한다는 비판에 대해 반박할 여지가 없는 것은 아니다. 그러한 비판은 포스트휴머니즘이 이론적이고 학문적인 논의가 아니라 인간 문명 전반과 비인간 존재의 삶을 아우르는 광대한 영역이라는 믿음을 반영한다. 어쩌면 헤일스가 포스트휴머니즘을 등장시킨

---

100. Joshua (Sha) LaBare, Review, *Science Fiction Film and Television* 4.1 (2011), p. 138.
101. 같은 곳.

1999년이라면 울프의 협소함이 실제로 문제가 될지도 모르겠다. 그러나 그 이후부터 울프의 책이 출간된 2010년까지 수많은 분야에서 포스트휴머니즘이 다루어져 왔다는 점에서, 그리고 울프가 2007년부터 미네소타 대학 출판부의 '포스트휴머니티즈' 시리즈 책임편집자로서 포스트휴머니즘을 다양하게 확장시킨 사람이라는 점에서, 그의 논의가 협소하다는 판단을 쉽사리 내려서는 안 될 듯하다.

아마도 적절한 판단 기준은 그 이론적 논의가 추구하는 목표일 것이다. 특정 이론의 우위를 입증하고자 하는 학문적 목표인지, 아니면 그 이론을 통해 인간중심주의를 해체하려는 포스트휴머니즘에 부합하는 목표인지 따져봐야 하는 것이다. 이 기준에서 보면 울프가 협소하다는 비판은 충분히 반박할 여지가 있어 보인다. 울프가 데리다와 루만을 통해 밝히고자 하는 바는 "계몽주의 이성이 자신의 프로토콜을 자신에게 적용하지 않기 때문에 충분히 이성적이지 않다."는 역설이다.[102] 더 나아가 이들은 이성이 가진 "자기지시적인 오토포이에시스의 복잡성과 역설"에서 물러서지 않고, 오히려 이를 파고들어 이성과 이성이 오토포이

---

102. Wolfe, *What Is Posthumanism?*, p. xx.

에시스를 위해 스스로 분리시켰던 것, 즉 이성과 환경 사이의 연속성을 복원시킴으로써 이성중심주의를 해체한다는 점을 울프는 강조한다.[103] 이처럼 울프의 논의는 이론적이지만 결코 특정 이론가를 중심에 두는 것은 아니다. 그의 목표는 언제나 포스트휴머니즘을 확장시키는 데에 있기 때문이다.

데리다에 관해서는 앞서 『동물 제의』를 다루면서 논의했기에, 여기서는 울프가 루만의 시스템 이론을 어떻게 포스트휴머니즘 이론으로 엮어내는지를 살펴보고자 한다. 사이버네틱스 이론의 발전과 궤를 같이하는 시스템 이론은 시스템의 항상성 유지를 강조한 일차 시스템 이론에서 마투라나와 바렐라의 오토포이에시스를 수용한 이차 시스템 이론으로 발전한다. 루만은 사회학적으로 이 이차 시스템에 접근하여 자신의 이론을 전개한다. 울프는 이차 시스템 이론이 "변화과정을 밝히거나 혹은 서사적으로 통제하지 않았다. 오히려 그러한 과정에 시스템을 종속시켰다."는 점에 주목하면서, "데리다는 이를 과정의 흔적을 찾거나 아니면 따라가는 것이라고 말했을 것이다."라고 덧붙인다.[104]

---

103. 같은 책, p. xxi.
104. 같은 책, p. xviii.

자극이나 신호를 처리하는 과정을 관찰하고 통제하는 시스템이 그 과정에서 분리된 이른바 객관적 위치에 있다고 상정하는 일차 시스템 이론과 달리, 이차 시스템 이론은 시스템을 그 과정에 종속시키는 '자기반영성'에 집중한다. 따라서 과정의 "흔적"이 시스템에 남을 수밖에 없는 것이다. 이 흔적을 이제 어떻게 할 것인가? 흔적을 인정한다면 이질적인 요소를 내포하는 것이기에, 시스템은 항상 불안정한 상태로 남는다. 반면 시스템의 안정을 이유로 흔적을 인정하지 않는다면, 결국 허위와 은폐에 의존할 수밖에 없다. 만일 사회를 하나의 시스템으로 본다면, 후자의 경우는 폭력적인 억압 및 통제가 따르기 마련이다. 굳이 인간중심주의나 종중심주의를 들먹이지 않아도, 인간의 역사에서 둘 중 어느 방식이 선택되어왔는지를 쉽게 짐작할 수 있다. 하지만 같은 역사에서 흔적을 되찾는 노력이 끊임없이 있었던 것 또한 사실이다. 어쩌면 포스트휴머니즘은 그 노력의 정점이 아닐까?

시스템 이론을 바탕으로 포스트휴머니즘 이론을 개진하는 울프의 노력 또한 흔적을 잊지도, 잃지도 않으려는 시도라고 볼 수 있다. 루만의 이론에서 차용하여 그가 자신의 노력의 화두로 삼는 말은 "닫힘에서 열림"openness from closure이다.[105] 루만의 말을 그대로 옮기자면, "적절히 안정된 시스템은 불안정한 요소를 가진다. 시스템의 안정성은 시스템 그 자체에 근거한 것이지, 그것이 가지고 있는 요소 때문은 아니다. 시스템은 완전히 '거기에' 있지 않은 토대 위에 스스로를 구성하며, 바로 이런 의미에서 오토포이에시스적이다."[106] 여기서 울프는 특정 시스템이 안정을 찾는 방식, 즉 외부세계로부터 닫힘을 성취하여 내적 안정성을 추구하는 방법에 주목한다. 앞서 논의했듯이, 시스템은 이질적인 무언가를 포섭하고 자기 것으로 만들지 못한다. 대신 거기에서 촉발된 자극을 통해 자신을 재정비, 재조정하면서 안정성을 획득한다. 이렇게 이질적인 것에 반응하여 자기를 수정함으로써 좀더 발전된(닫힌) 시스템으로 만드는 과정이 오토포이에시스인 것이다. 따라서 이질적인 요소들은 우선 시스템의 오토포이에시스를 위해 필수적인 것이 된다.

같은 이유로 "시스템 이론은 차이를 제외, 부인, 혹은 평가절하하지 않는다. 오히려 차이에서 시작한다. 즉 시스템과 환경의 차이에 대한 기본적인 원칙과 그 결과로 시스템

---

105. 같은 책, p. xxi.
106. 같은 책, p. 10.

의 환경은 이미 언제나 시스템 그 자체보다 압도적으로 더욱 복잡하다는 가정에서 시작한다."[107] 반면 차이에 대응해서 시스템을 조정하지 않고, 기존 시스템에 따라 의미를 산정해서 이를 반영한다면 "장미는 장미고 장미고 장미다"This rose is a rose is a rose is a rose라고 말하는 것이나 다름없기에 "비생산적"일 수밖에 없다.[108] 이와 같은 맹목적인 "자기지시성"이나 "단락된short-circuited 동어반복"은 무의미할 뿐만 아니라 시스템의 유지에 심각한 위험을 가할 수 있다고 울프는 설명한다.[109] 더 나아가 이질적 요소는 시스템에서 완전히 소화되지 않는다. 여전히 흔적으로 남아있는 것이다. 이런 점에서 이질적 요소는 시스템을 외부로 잇는 역할을 하게 된다. 다시 말해서 차이를 통해 안정성을 획득한 시스템은 닫힌 듯이 보이지만, 사실 언제나 이미 열려있는 것이다.

이제 "닫힘에서 열림"이 왜 울프에게, 그리고 그의 포스트휴머니즘 이론에 중요한지 가늠할 수 있다. 포스트휴머니즘이 휴머니즘을 인간중심주의라고 비판하는 이유는 바

---

107. 같은 책, p. 14.
108. 같은 책, p. 17.
109. 같은 곳.

로 휴머니즘이 "자기지시적"이기 때문이다. 생각하는 자신을 의미의 중심으로 삼은 데카르트와 환경을 불가지한 물자체라고 본 칸트로 대표되는 근대의 인간중심주의적 휴머니즘은 "자기지시성"을 강조하면서 인간을 닫힌 존재로 보았다. 인간은 비인간을 포함한 환경과 분리된 시스템이라 믿었다. 이 시스템을 유지하기 위해서는 인간과 비인간의 차이가 (둘 사이의 분리를 위해) 강조되었고, 근대 이후의 수많은 개념과 제도가 차이를 만드는 역할을 노골적으로 수행해왔다. 하지만 울프는 그러한 분리에 의문을 제기하는 것처럼 보이는 영역마저도 결국 똑같은 자기지시성을 보인다는 점을 폭로하며, 인간중심주의가 얼마나 깊게 스며들어 있는지 경고한다.

대표적인 예는 생명윤리에서 발견된다. 울프는 "제도화된 강력한 형태의 생명윤리에서 가장 역설적인 점은 생명윤리의 '생명' 개념이 수없이 변화했음에도 불구하고, [생명윤리가] 특정한 인간 개념, 문제시되지 않을 뿐만 아니라 오히려 더 견고해진 인간 개념을 바탕으로 한다는 점"이라고 진단한다.[110] 인간이라는 시스템을 이미 닫힌 것이라고 보

---

110. 같은 책, p. 49.

기 때문에, 인간과 동물 간의 경계 유지는 결국 둘 사이의 차이가 필연적이라는 편견을 낳는다. 문제는 이처럼 확연히 편견이 등장하는 영역을 비판하고 개선하려는 생명윤리가 동일한 편견에서 자유롭지 않고, 그 결과 편견을 없애고자 하면서도 역설적으로 인간과 동물의 경계를 공고히 한다는 것이다.

"생명윤리의 현 상태"에 대해서 울프는 "지난 30년 동안 일어난 수많은 비인간 종의 삶, 소통, 감정, 의식에 대한 지식의 극적인 변화가 불러온 윤리적 이슈에 대응하지 못하는 무능력"이 확인된다고 비판한다.[111] 차이에 대한 정보가 늘어났지만 시스템의 "열림"을 도모해서 변화와 발전을 이루지 못하는 이유는 인간중심주의에서 벗어나지 못하기 때문이다. 울프의 해결책은 데리다의 동물 논의를 시스템 이론에 접목시키는 것이다. 인간이라는 시스템이 필연적으로 비인간 존재의 흔적을 가질 수밖에 없음을 드러내어, 그 시스템의 순수성과 독립성을 해체시키고자 한다. 이 방식으로 "'우리'가 스스로에게 부여한 '자기'auto로부터 '인간'the human을 분리"함으로써, 즉 자명하다고 여겼던 인간 개념을

---

111. 같은 책, p. 56.

내부에서 해체함으로써, "인간과 비인간 동물의 관계는 지속적으로 그리고 어쩌면 영속적으로 개방"될 것이라고 울프는 제안한다.[112] "닫힘에서 열림"이라는 그의 작업 방식과 목표가 명확히 기술되는 것이다.

울프는 생명윤리뿐만 아니라 동물사회학도 유사한 위험에 처할 수 있다고 경고한다. 그는 "비인간 동물연구에 우리가 관심을 보인다고 해서, 그리고 동물들이 그동안 어떻게 오해받고 착취당했는지를 드러내고자 한다고 해서, 우리가 더 이상 휴머니스트가 아니게 되는 것은 아니다."라고 명시한다.[113] 동물에 대한 관심과 정보가 늘어난다고 휴머니즘이라는 시스템, 그리고 그 시스템의 중심에 있는 인간중심주의가 자동으로 변화하지는 않는다는 것이다.

포스트휴머니즘은 생명윤리학과 동물사회학과 밀접한 관계에 있을 뿐만 아니라 이 분야들로 인해 성장했다고 할 수 있다. 따라서 이 분야들이 가진 위험에서 포스트휴머니즘은 결코 자유롭지 않다. 그렇지만 울프가 무조건 시스템을 즉각 개방하기를 주장하는 것은 아니다. "분야별 시스템의 자기지시와 오토포이에시스적 닫힘의 현상을 신중하

---

112. 같은 책, p. 91.
113. 같은 책, p. 99.

게 받아들인다고 유아론으로 빠지는 것은 아니다."라고 전제하면서, 그는 그러한 신중함은 "정반대로 환경과의 접촉을 증가시키는 시스템의 능력으로 이어질" 수 있다고 말한다.[114] 그리고 이 능력은 주변 시스템들의 "환경적 복잡성을 더 증가"시키기에, 결국 그 시스템들은 "변화된 환경과 공명"을 위해 더욱 성장하고 변모하게 된다.[115] 우선적으로 시스템 자체에 대한 심도 깊은 해체주의적 분석이 진행되어야 하고, 그 결과로 시스템을 열게 된다면 그것이 다른 시스템의 변화로 이어질 것이라는 뜻이다. "닫힘에서 열림"이 어떻게 그리고 왜 진행되어야 하는지를 알려주고 있는 것이다. 이렇게 생명윤리와 동물사회학의 해체를 통해 울프는 궁극적으로 데리다와 루만에게서 배운 교훈을 전하고자 한다. "인간은 인간이 아니다. 휴머니즘이 자기 자신에게 부여하는 '인간'의 의미에서는 그렇다."라는 교훈이다.[116]

　루만과 데리다의 작업을 토대로 발전한 울프의 포스트휴머니즘 이론은 포스트휴머니즘에 대한 두 가지 오해를 종식시킨다. 첫째는 포스트휴머니즘이 "반역사적이 아니라

---

114. 같은 책, p. 117.
115. 같은 곳.
116. 같은 책, p. 119.

그저 반역사주의적"이라는 것이다.[117] 앞서 언급한 포스트휴머니즘의 역설적 시간관은 역사를 부정하고, 과거와 현재와 미래가 구분이 없이 혼재된 반역사적인 시각이 아니다. 오히려 특정한 방식으로 역사를 단정하고 시간의 연관성을 축소시키는 독선적이고 닫힌 역사 시스템을 부정함으로써, 역사의 복잡함, 과거와 현재와 미래의 연관성을 좀더 인정하고 고민하는 계기를 마련하자는 의도이다. 따라서 그의 작업은 버리기가 아니라 되찾기에 주안점을 두고 있다. 그렇기에 상실감이 그 원동력으로 작동하고 있는 것이다.

다음으로는 포스트휴머니즘이 인간과 포스트휴먼 사이의 단절을 꾀하는 반인간적 태도를 가진다는 오해다. 사실 이런 오해는『우리는 어떻게 포스트휴먼이 되었는가』라는 제목으로 역사적 전환을 암시한 헤일스에게 집중되어 있다. 울프가 (너무 성급히) 비판한 것처럼, 헤일스가 추구한 "체현화의 우월한 초월성"이 자유주의적 휴머니즘의 자아에 대한 시각을 부정하고 배제하면서 시작한 시스템이라고 보는 시각이다. 나는 헤일스가 그러한 단절된 개념으

---

117. 같은 책, p. 120.

로 포스트휴먼을 제안한다고 보지 않는다. 하지만 적어도 울프의 포스트휴머니즘은 자유주의적 휴머니즘의 흔적을 찾아내서 포스트휴머니즘이라는 시스템을 계속해서 개방 시키고자 하기에 단절적 태도와는 명백히 선을 긋고 있다. 이렇듯 "닫힘에서 열림"에 충실한 그의 작업은 우리가 무엇 을 잊고, 잃어 가는지, 그리고 그것을 왜 기억하고 찾아야 하는지를 계속해서 일깨워준다.

법 안의 동물, 법 이전의 동물

울프가 2012년에 출간한 『법 앞에서 : 생명정치의 틀로 본 인간과 다른 동물들』는 이전의 동물연구 작업을 이어 나가며 생명정치의 틀에서 인간과 동물의 관계를 고찰한 다. 부제에 들어간 "틀"frame을 설명하면서 책을 시작하지 만, 사실 각 장의 제목이 없기에 그의 논의를 따라가기는 쉽지 않다. 울프는 하이데거의 "틀 짓기"enframing 118에서 착

---

118. 국내에서 enframing 혹은 Ge-Stell은 "닦달"이나 "몰아세움"으로 번역되 는 경우가 많지만 의미가 잘 전달되지 않고, 무엇보다 울프가 논하는 '틀'의 문제를 전하기에 적합하지 않다. 따라서 울프의 의도에 맞춰 "틀 짓기"라는 번역을 사용하고자 한다.

안해 틀이라는 용어를 사용한다. 테크놀로지의 본질은 틀 짓기라고 한 하이데거의 말에서, 울프는 틀 짓기를 "자신과 자연에 대해 인간이 관계의 틀을 만드는 것"이라고 풀어내며, 그 틀이 바로 "생명정치의 디스포지티프dispositifs 혹은 장치apparatuses"라고 지칭한다.[119] 하이데거에게 틀 짓기는 인간과 인간이 아닌 존재들 사이의 "존재론적 구분을 결정적으로"[120] 가능하게 해주는 장치이기에, 크게는 생명정치의 틀로 생각할 수 있다. 이에 반해 울프의 작업은 해체주의적이고 시스템 이론적인 방식으로 그 틀을 해체하는 것을 목표로 한다. 그의 작업이 필요한 이유는 하이데거의 틀이 "인간성과 동물성을 존재론적으로 구분"하면서 "위험한 틈"을 보여주고 있기 때문이다. 그 위험은 한나 아렌트Hannah Arendt의 저작에서 볼 수 있듯이 — 여기서 울프는 로베르토 에스포지토Roberto Esposito의 말을 빌려 아렌트의 생각을 정리한다 — "특정한 권리를 향유하는 이들의 범주는 그 범주 안에 들어가지 않기에 제외되는 이들과의 구분을 통해서만 정의"되기 때문이다.[121] 즉, 틈이 있어서 구분되는 것이

---

119. Cary Wolfe, *Before the Law* (Chicago, University of Chicago Press, 2012), p. 3.
120. 같은 책, p. 5.

아니라 구분을 통해서 틈을 만든다는 의미이다. 따라서 울프가 보기에 동물성과의 존재론적 구분을 통해서 인간성이라는 틀을 만드는 행위는 자의적이고, 심지어는 폭력적이라고 할 만하다.

틀에 대한 설명을 마친 후에 울프는 책의 제목인 "법 앞에서"를 설명한다. 여기서 "앞에서"Before란 "존재론적으로 그리고/혹은 논리적으로 법 이전이라는 의미"를 갖는다. 즉, "누가 법에 속하고 누가 속하지 않을지 정하는 틀을 짓는 원초적 폭력이 가해지는 순간 이전"을 말하는 것이다.[122] 이처럼 권리를 가지기 전에 그 권리를 부여받을 수 있는 권리, 아렌트가 "권리를 가질 권리"라고 설명한 것이 존재하는 "앞에서"가 있다. 반면 일반적 의미의 "법 앞에서," 즉 법의 심판을 받는다는 것은 "원초적 폭력"을 통해 이미 "권리를 가질 권리"를 특정한 집단에만 부여했기에 가능하다.[123] 이 경우 법은 "폭력을 통해 자신의 우연성을 부정"함으로써 작동하는 것이다.[124] 울프는 역사적으로 "인간과 동물의

---

121. 같은 책, pp. 6~8.
122. 같은 책, p. 8.
123. 같은 책, p. 9.
124. 같은 곳.

구분"이 그러한 폭력의 "기반"을 제공했고, 따라서 "법이 스스로 제공하지 못했던 소외의 '토대'를 [대신] 마련했다."고 지적한다.[125]

이처럼 "앞에서"에 담긴 이 두 가지 의미, 법에 대한 두 가지 틀을 통해 전개되는 생명정치, 그리고 생명정치에 담긴 인간과 동물의 관계를 살펴보는 것이 『법 앞에서』의 목표다. 이를 위해 울프는 "불편한 질문"을 상술한다.

> 만일 틀이 규칙과 법에 대한 것이라면, 무엇이 적절한지에 대한 것이라면, 그리고 자연에 의해 주어진 내부자와 외부자의 경계선의 문제가 아니라면, 생명정치 아래 산다는 것은 우리 모두가 언제나 이미 법 앞에서 (잠재적) 동물인 상태로 산다는 것이다. 동물학적 분류에 따른 비인간 동물이 아니라, 동물이라는 틀이 지어지는 그 어떤 살아있는 존재로 산다는 것이다.[126]

이처럼 "법 앞에서"(첫 번째 의미) 동물인 인간은 "법 앞에서"(두 번째 의미) 심판받을 자격을 스스로에게 부여하기

---

125. 같은 곳.
126. 같은 책, p. 10.

위해 동물과 자신을 구분한다. 이러한 구분이 바로 생명정치의 시작을 알리는 질문임에도 불구하고 제대로 논의되지 않았다는 점을 지적하며 울프는 책을 시작한다.

『법 앞에서』 2장에서 울프는 "도덕적 입지와 법적 보호에 관해 현재 정반대로 틀이 지어져 있는 비인간동물"의 사례로 "유인원 보호 프로젝트"와 "공장식 축산"을 들며 생명정치를 좀 더 들여다보고자 한다.[127] 우선 동물권 보호운동의 경우에 동물은 적어도 미국법에 따르면 인간의 소유물로서의 권리만 인정받는다고 울프는 지적한다. 따라서 현재의 권리 개념으로 동물권을 주장하는 것은 인간의 권리를 강화시키는 인간중심주의에 기반하고 있다는 모순을 보인다.[128] 이런 점에서 울프는 "권리의 개념 자체가 재고되어야만 한다."고 주장한다.[129]

코라 다이아몬드Cora Diamond와 데리다를 인용하면서 울프는 인간의 존엄성이 아닌 "체화된 존재로서 우리가 공유하는 취약성과 한정성이 동물 정의를 향한 우리의 연민과 충동의 기반이 되어야 한다."고 말한다.[130] 동시에 푸코

---

127. 같은 책, pp. 11~12.
128. 같은 책, p. 14.
129. 같은 책, p. 16.

에 대한 에스포지토의 논의를 옮기면서 "생명정치의 기본 메커니즘은 통치권과 법이 아니라 '이에 선행하는 무언가'"에 관한 것이기에, 이때 주체의 "기본적 권리는 인간person이라는 단순한 법적 범주로 제한되거나 포섭될 수가 없다."고 덧붙인다.[131] 에스포지토는 또한 "조르조 아감벤Giorgio Agamben이 '인간학적 기계'라고 부르는 것"에 의해 인간과 동물이 끊임없이 구분되고, 또다시 구분되고 있음을 확인한다.[132] 하지만 에스포지토와 달리 울프는 푸코와 아감벤의 차이를 분명히 지적한다. 아감벤의 "형식주의"가 "정치적, 윤리적, 제도적 구성 간의 차이를 평평하게" 만들기 때문에 "체현적 존재"로서 처할 수밖에 없는 다양한 상황에 대한 접근을 용이하지 않게 하며, 그 결과 "'진정으로' 정치적인 영역"을 담보하는 데 실패한다고 비판한다.[133] 그러면서 아감벤을 따른다면 결국 "상당한 차이와 뉘앙스를 지닌 생명정치의 장에서 생각하는 우리의 능력을 잃게" 된다고 울프는 경고한다.[134]

---

130. 같은 책, p. 17.
131. 같은 책, p. 22.
132. 같은 책, p. 24.
133. 같은 책, p. 26.
134. 같은 책, p. 27 ; 코로나바이러스로 인한 팬데믹 상황에서 아감벤이 보인

그런 능력을 되찾아 "유인원 보호 프로젝트"와 "공장식 축산"을 바라보면 어떨까? 울프는 『법 앞에서』의 4장에서 "공장식 축산"에 집중해서 논의를 이어간다. 나치 홀로코스트와 "동물 홀로코스트"의 유사성을 무분별하게 상정하는 경향을 견지하면서도, 동물은 "그들의 계속된 존재 혹은 심지어 개체수 과다"라는 이유로 죽어간다는 데리다의 지적을 받아들여, 울프는 이 두 종류의 홀로코스트 간의 중요한 두 가지 차이를 짚어낸다.[135] 우선 나치는 "이전에 시민이었던 이들"의 "법적 보호와 권리를 빼앗은" 것이고, 공장식 축산에서는 "한 번도 공동체의 일원이 아니었던 이들

행보는 울프의 비판이 옳았음을 보여준다. 팬데믹 이전의 감염병과 별로 다를 것이 없다는 전제 아래, 아감벤은 국가의 과도한 통제를 반대하는 주장을 해왔다. 특히 백신 여권이 2차 세계대전에서 유대인들을 구분하는 표식으로 쓰였던 "황색별"과 같다고 지적하며, 극우단체와 유사한 발언을 하기도 했다. 아감벤의 이러한 행보에 대해 벤자민 브래톤(Benjamin Bratton)은 「어떻게 철학이 팬데믹에 대처하는 데 실패했는가, 혹은 언제 아감벤이 알렉스 존스가 되었는가」라는 제목으로 기고문을 작성했다. 여기서 브래톤은 "철학과 인문학이 … 실현 가능하지 않은 공식에 너무도 강하게 묶여있다."고 지적하며, 이 때문에 "상호감염이라는 질병학적 현실을 설명하지 못한다."고 기술한다. Benjamin Bratton, "How Philosophy Failed the Pandemic, Or : When Did Agamben Become Alex Jones?" *Library Hub*, 2021년 8월 2일 수정, 2022년 12월 18일 접속, 〈https://lithub.com/how-philosophy-failed-the-pandemic-or-when-did-agamben-become-alex-jones/〉.

135. 같은 책, p. 46.

에게 최소한의 보호(예를 들어, 인도적 도축법)가 제공되는 것"이라는 차이가 있다.[136] 두 번째는 인종청소의 경우에 "해당 집단의 일원들의 제거"를 목표로 하지만, 공장식 축산은 엄청난 수의 동물의 도축과 더 많은 수의 동물의 사육을 병행하는 "끔찍할 뿐만 아니라 … 사악한" 행위라는 점이다.[137] 이처럼 공장식 축산은 "생명과 죽음에 대한 통제를 최대화하는 관습"을 실행하고 있기에 생명정치의 "디스포지티프의 명실상부한 최고 형태"라고 울프는 단언한다.[138]

공장식 축산을 포함한 생명정치의 여러 차원에 담긴 이러한 "차이와 뉘앙스"를 고려하는 능력은 "통수권의 형이상학이 아니라 생명권력의 디스포지티브와 그것의 정치적 표현"을 수용하는 데서 시작한다.[139] 그리고 그런 능력으로 공장식 축산을 비판하는 일은 바로 "'정치화의 새로운 계획'을 구성하여, 근대 생명정치를 형성시킨 가장 첨예한 형태의 디스포지티프를 거부할 뿐만 아니라 후기 자본

---

136. 같은 책, p. 47.
137. 같은 곳.
138. 같은 책, p. 46.
139. 같은 책, p. 47.

주의에 따른 상품화와 사적 소유권의 거부와도 같은 다른 차원의 정치적 저항을 실현하는 것"임을 울프는 재확인한다.[140] 비록 9장에서 짧게 언급되지만, "유인원 보호 프로젝트"에 있어서도 울프는 생명과 죽음을 동시에 생각하는 생명정치적 역량을 보이며, "관심을 받을 정도로 우리와 '인종적으로' 유사한 비인간이 보호받는 동안에, 우리 주변에 다른 생명체에 대한 홀로코스트 — 정말로 이 단어를 사용한다면 — 가 자행되고 심지어 가속화되고 있다."는 사실에 대한 냉정한 판단이 필요함을 역설한다.[141]

이처럼 4장에서 공장식 축산이라는 구체적 사례를 살피기 전에 울프는 3장에서 생명정치의 뉘앙스에 대해, 그것의 긍정적인 면과 부정적인 면을 동시에 살펴보는 다각적인 논의를 진행한다. 특히 울프가 강조하는 것은 그러한 뉘앙스를 파악하는 능력을 되찾는 일과 동물에 집중하는 일이 불가분의 관계에 있다는 점이다. 이를 위해 울프는 우선 생명정치에서 몸은 "법 이전"에 있기에, "통치권의 패러다임에 종속된 생명정치의 타나토스적 기류에 완전히 속하지 않는다."고 설명한다.[142] 이런 몸에 근거해야만 하는 생명

---

140. 같은 책, p. 51.
141. 같은 책, p. 104.

정치는 결국 "몸, 힘, 테크놀로지, 디스포지티프 등의 관계"를 조정하는 "'전략적' 협정"으로 작동할 수밖에 없다.[143] 이처럼 완벽하지 못한 "협정"으로 작동하기에, 생명정치의 긍정적 측면에는 항상 부정적 측면이 따를 수밖에 없는 현실적인 문제가 발생한다. 즉, "더 많이 죽임으로써 더 많이 살 수 있게 하는" 역설적 상황이 생기고, 울프는 이 문제에 있어서 푸코가 막다른 길에 섰다고 비판한 에스포지토를 인용한다.[144] 에스포지토는 데리다, 해러웨이, 루만 등과 마찬가지로 "면역"immunization 방식으로 이를 극복하고자 한다. 죽음을 가져오는 요인을 이용해서 생명을 지키는 방식인 면역은 생명정치에서 동시에 긍정적이면서도 부정적인 면이 공존하는 이유를 설명한다. 이런 맥락에서 부정적으로 여겨지던 것들을 마냥 그렇게만 볼 수 없음이 드러나고, 울프는 에스포지토, 니체, 페터 슬로터다이크Peter Sloterdijk 등의 생각을 따라가면서 동물성이라는 부정성을 억압, 통제하는 행위가 가장 생명정치에 부합하지 않는 행위라고 주장한다. 예를 들어, "공장식 축산과 같은 현대식 제도의 가

---

142. 같은 책, p. 32.
143. 같은 책, p. 33.
144. 같은 책, p. 38.

장 위중한 생명정치적 죄악은…그로 인한 고통과 괴로움이 아니라…'동물성' 자체에 담긴 생명성, 창조성, 다양성을 죽이고 감소시키는 것"이다.[145] 다시 말해서 공장식 축산은 동물성에 담긴 긍정적 힘, 즉 "인간의 진화를 위한 창조적 힘으로서의 동물성을 통해 우리 자신의 다양성을 발견하는 능력"을 상실하는 치명적 결과로 이어지기에 매우 심각한 문제라고 울프는 경고한다.[146]

울프의 상실감은 인간과 동물의 절대적 구분이 무효할 뿐만 아니라, 궁극적으로 돌이킬 수 없는 부정적 결과로 이어진다는 확신에 근거한다. 그러한 확신 아래 생명정치와 인종차별, 종차별 등의 논의가 분리될 수 없으며, 특히 생명과 죽음에 관한 갖가지 제도와 테크놀로지가 전례가 없을 정도로 난무하는 현대의 생명정치에 대한 논의는 동물에 집중되어야 울프는 주장한다.[147] 5장에서 울프는 동물 학대나 소비가 최대로 자행되는 21세기가 역설적으로 반려동물 수가 가장 많은 시기라는 사실을 직시하며, 동물이라는 이유로 동물이 학살당하면서 동시에 보호받는 역설을

---

145. 같은 책, p. 41.
146. 같은 곳.
147. 같은 책, p. 46.

이야기한다.[148] 결국 "동물"을 단일한 개념으로 상정해서는 이 상황을 설명하는 것이 불가능하다. 울프는 그렇기에 "생명과 규정을 함께 생각하는 제3의 방식"이 필요하다고 본다.[149]

이어서 같은 문제를 고민하는 6장에서 울프는 "서로 다른 '생명 형태'의 특수성과 이종성heterogeneity을 규정의 문제로 담아내는" 작업을 하고자 한다.[150] 데리다의 논의를 끌어오면서 울프가 주목하는 점은 "우리가 '반응'하는 능력이라고 생각하는 것은 '누구'와 '무엇'의 복잡하고, 역동적이고, 상호적으로 겹쳐진 관계의 산물이라는 것"이며, 또한 이 능력은 인간뿐만 아니라 비인간 동물에게서도 발견된다는 점이다.[151] 따라서 동물의 다양성을 고려하지 않은 생명 논의, 더 나아가 생명정치 논의는 인간–동물 관계의 복잡성을 설명할 수 없고, 결국 "생명정치적 패러다임 내에서 '인종'이 했던 일의 또 다른 버전"을 생산할 뿐이라고 울프는 경고한다.[152]

---

148. 같은 책, p. 54.
149. 같은 책, p. 58.
150. 같은 책, p. 64.
151. 같은 책, p. 67.
152. 같은 책, p. 72.

7장은 비인간 동물에 대한 논의를 데리다의 "생물학적 지속주의"biological continuism 비판을 토대로 확장시킨다. 하이데거의 인간과 동물의 경계 나누기를 비판하며, 데리다는 단순히 "경계를 지우기"보다는 다양하고 복잡한 참여자들을 드러냄으로써 해체하고자 한다.[153] 하이데거가 "특별히 인간만이 가능하다고 한 반응," 즉 "할 수 있는 일을 하지 않는 것"not being-able이 인간에게만 국한된 것이 아니기에 인간과 동물 간의 경계는 흐릿해진다.[154]

하지만 "생물학적 지속주의" 비판을 동물에서 멈출 필요가 있을까? 더 나아간다면 식물과 미생물을 포함한 모든 생명체뿐만 아니라 무생물까지 포함시킬 수 있을 것이다. 그리고 자연스럽게 울프의 작업을 신사물론과 연계시킬 가능성이 열린다. 하지만 이러한 가능성을 인지한 듯이 울프는 "'생명 일반'은 이미 … 생명정치적 틀에 쓰이기에는 너무도 폭이 넓다."고 말하면서, "식물, 미생물, 그리고 다른 많은 것들"이 자신의 논의의 "변수 밖에 속한다."고 명시한다.[155] 그가 주목하는 "윤리, 법, 정의, '환대'의 문제들"은 "누

---

153. 같은 책, p. 73.
154. 같은 책, p. 78.
155. 같은 책, p. 82.

구"의 문제이고, "무엇"이라고 해도 "누구"가 될 수 있기에 주목받는 것이다.[156] 그렇기에 울프는 "무엇"에 집중하는 라투르의 "사물의 의회"나 제인 베넷Jane Bennett의 "사물의 정치적 생태학" 등의 신사물론 입장과는 거리를 둔다. 그에게는 여전히 "생명의료 연구에 쓰이는 침팬지, 그리고 침팬지의 피부에 사는 벼룩과 침팬지가 사는 우리cage 사이에는 질적인 차이"가 있고, "그 차이는… 벼룩보다는 침팬지에게 더 중요"하기 때문이라고 밝힌다.[157]

마지막 장에서 울프는 "법 앞에서"라는 제목으로 돌아간다. 앞서 논의했던 라투르를 재언급하면서 라투르식의 경계 허물기로는 법이라는 시스템을 제대로 설명하지 못한다고 지적한다. 대신 울프는 루만의 시스템 이론을 토대로 "법의 오토포이에시스"를 강조한다. 즉 "법적 시스템은 동시에 열리고도 닫혀 있다. 환경에 개방되어 있지만, 자기지시의 오토포이에시스적 닫힘의 관점에서 환경의 변화에 반응한다."고 적는다.[158] 울프는 이를 법의 "자기면역적"autoimmunitary 특성이라고 명명하면서, "닫힘에서 열림"을

---

156. 같은 책, p. 83.
157. 같은 곳.
158. 같은 책, pp. 89~90.

다시 한번 강조하며 "법의 피할 수 없는 자기지시적 닫힘이야말로 … 법을 미래와 외부, 아직 소환되지 않는 정의의 주체들에게 개방시키는 것이다."라고 역설한다.[159] 따라서 "정의의 행사는 비록 모종의 자주성, 실제로 통치권을 요구하는 것처럼 보이지만, 실제로는 실제적인 법의 반복 활동에 의존한다."[160] 그러한 활동을 모든 생명체로 확장하는 것이 필요하다는 입장에서, 울프는 "생명정치적 지점은 새로이 확장된 생물 공동체이며, 그 안에서 폭력과 면역적 보호가 어디로 가는지 우리 모두가 걱정해야 한다. 왜냐하면 결국에는 우리 모두가 잠재적으로 법 앞에서 동물이기 때문이다."라는 말로 책을 끝맺는다.[161]

법 안에서, 그리고 법 이전에, 인간과 동물 모두가 결국 동물이라는 울프의 말은 강력한 여운을 남긴다. 인간의 존엄성이나 자유라는 이상을 실천한다는 이유로 독립성을 보장받던 인권법이나 동물에 대한 인간의 윤리적 책임을 천명한다는 이유로 공감을 이끌어낸 동물보호법이 동시에 비판의 대상이 되기 때문이다. 이 두 종류의 법은 인간과

159. 같은 책, p. 92.
160. 같은 책, p. 94.
161. 같은 책, p. 105.

동물의 구분을 전제로 만들어진 것이기에, 그 구분이 자의적이고 폭력적이라는 사실을 은폐시키는 일에 간접적으로 공헌했음이 드러나게 된다. 의도적이었든 우발적이었든 그러한 은폐의 역사를 더 이상 묵과할 수가 없다고, 따라서 기존의 법체계와 이를 근거로 작동했던 생명정치를 해체해야 한다고, 울프는 요구한다. 최근 동물과 관련된 법적 그리고 정치적 논의와 변화를 긍정적으로 보면서도, 울프의 요구에 얼마나 부합하는지 따져볼 필요가 생기는 것이다.

하지만 그러한 변화가 동물에서 멈추지 않는다는 것도 이제 분명한 사실이다. 인공지능의 발달로 인한 인공지능 혹은 로봇 윤리법의 제정 노력이 한 예라면, 다른 한편으로는 곤충의 보존과 다양성을 위한 법제화 논의와 식물과 무생물을 포괄하는 환경보호법이 있다. 인간–동물의 영역, 적어도 위에서 울프가 제시한 영역에서 벗어난 이 두 가지 변화는 사실 동물보호법만큼이나 활발하게 진행되고 있고, 사람들의 관심을 끌고 있다. 과연 이러한 사실에 대해 "생명 일반"이 너무 폭이 넓다고 했던 울프는 뭐라고 답할까? "벼룩"과 같은 곤충이나 무생물은 "침팬지"보다는 덜 중요하다고 할까? 물론 그가 그렇게 단순하게, 즉 검증되지 않은 기준으로 하나를 다른 하나보다 더 중요하다고 답하지는 않으리라 생각한다. 그렇다고 갑자기 "생명 일반," 더나아가 사물 전체가 다 중요하다고 답하지도 않을 것이다. 물론 울프가 답을 못하는 모습을 상상하려고 질문을 던진 것은 아니다. 사물 전반에 대한 논의가 난제이지만 그럼에도 꼭 도전해야 할 숙제임을 알리기 위해서다. 테크놀로지에 집중한 헤일스에게서 동물 논의를 기대하기 힘들었던 것처럼, 마찬가지로 인간-동물 관계에 집중한 울프에게서 사물 논의를 기대하기 어렵다. 그렇기에 포스트휴머니즘의 세 번째 흐름, 즉 사물의 흐름은 새로운 곳에서 찾아야만 한다.

4장 　사물과 포스트휴머니즘 :
하먼의 놀라움[1]

두 명의 뛰어난 저격수가 조준경을 통해 서로를 마주본다. 미군은 속속들이 몰려오는 알카에다 무장 세력에 금방이라도 포위당할 위기에 처해있다. 하지만 사람들이 극적으로 대치하는 이 장면에서 눈에 들어오는 것은 묘하게도 사물이다. 우선 집이라고 하기에는 이미 너무 황폐해져버린 건물들이 보인다. 아직 집의 모양을 갖추고는 있지만, 주택으로서의 과거는 이미 되돌릴 수 없는 시간대에 붙잡힌 듯이 보인다. 완전히 무너져버린 돌무더기, 흙무더기나 다름없는 잔해들이 대부분이다. 이곳에 어울린다고 해야 할까? 알카에다의 복장과 무기도, 그들의 저격수의 라이플(1960년대 소련에서 개발된 SVD 드라구노프로 알려져 있다.[2])도 매우 낡아 보인다. 반면에 미군은 최첨단 무기와 장비를 온몸에 두르고 있고, 그들의 저격수도 마찬가지로 최신 라이플(맥밀란 TAC-300이라고 한다)을 사용한다. 미군의 막사는 임시로 지은 것임에도 온갖 편의시설을 갖추고 있고, 그들이 돌아갈 미국의 집은 이곳의 집들과 비교해서

---

1. 이 장의 일부는 『포스트휴머니즘의 쟁점들』(갈무리, 2021)에 실린 필자의 「좀비라는 것들 : 신사물론과 좀비」를 발췌하고 수정한 것이다.
2. 영화에 사용된 총기 정보는 〈인터넷 영화 총기류 데이터베이스〉(IMFDB, Internet Movie Firearms Database)를 참조하였다. "American Sniper", 2022년 12월 18일 접속, 〈http://www.imfdb.org/wiki/American_Sniper〉.

넓고 깨끗하고 안전해 보인다. 무엇보다도 미군의 일부는 멀리서 드론을 이용해 이 순간을 하늘에서 이른바 '새의 눈'으로 목격하고 있다. 서로 적이 되어 죽고 죽이는 사람들이 등장하지만, 이처럼 양측의 차이를 명백하게 보여주는 것은 오히려 사물들이다. 그리고 전쟁이 지속될수록 그 차이는 더 심해질 것이다. 사람들이 사라지면서 한쪽의 사물들은 더 낡아 보일 것이고, 반대쪽은 더 발전할 것이기 때문이다. 죽어서 사라지는 사람들과 남아서 변화하는 사물들이 교차하는 곳이 바로 전쟁터고, 바로 이 순간이다.

현대의 전쟁터를 생생히 보여주는 이 순간은 이제는 배우보다 감독으로 더 알려진 클린트 이스트우드Clint Eastwood의 〈아메리칸 스나이퍼〉(2014)의 한 장면이다. 미군 역사상 가장 뛰어난 저격수 중의 한 명으로 인정받는 크리스 카일Chris Kyle이 쓴 동명의 자서전을 바탕으로 만든 영화다. 미국 해군 최정예 특수부대인 네이비 실에 소속된 카일은 9·11 이후, 이라크 전쟁에 총 네 차례 지원해서 수많은 공적을 세운 인물이다(공식적으로 160명의 적군을 사살한 것으로 알려져 있다). 특히 마지막 지원 때는 알카에다의 저격수로서 카일의 친한 동료를 포함한 수많은 미군을 죽인 무스타파를 마침내 사살하게 된다. 바로 앞서 묘사한 장면은 그 순간을 담아낸다. 또한 이 장면은 무스타파에 의해 죽은 동료들을 지키지 못한 것에 대한 죄책감에 휩싸였던 카일이 드디어 복수에 성공함으로써, 일종의 카타르시스를 경험하는 순간이기도 하다(이후에 제대를 한 그는 고향에서 전쟁으로 인한 외상 후 스트레스 장애PTSD를 겪는 이들을 도와주다가, 이들 중 한 명이 쏜 총에 맞아 사망한다). 하지만 내가 이 장면을 서술하는 이유는 복수에 성공하는 주인공의 극적인 서사나 그의 영웅적인 전력 때문이 아니다. 또한 9·11이나 테러리즘 혹은 국제정치 등의 이슈 때문도 아니다(적어도 직접적인 이유는 아니라는 뜻이다). 앞서 밝혔듯이, 내가 이 장면에 주목하는 이유는 바로 이 인간 드라마를 뚫고 나오는 사물들 때문이다.

사실 따지고 보면 전쟁 영화에서 사물이 두드러지는 것이 놀라운 일은 아니다. 일상의 삶이 완전히 뒤틀어진 전쟁 상황에 처하면 익숙하던 사물들이 전혀 다르게 다가오기 때문이다. 편의를 위한 사물들과 생존을 위한 사물들이 희귀해지면서, 갑자기 중요해진다. 희소성은 또한 사물에서 생각지도 못했던 새로운 쓰임새를 발견하게 한다. 그 와중에 죽음을 유발하는 사물들은 점차 증가해서 사람들을 압도한다. 그리고 죽은 이들을 기억하게 하는 사물들이, 그

전에는 평범하기만 했던 사물들이 상징적인 의미를 갖기 시작한다. 물론 영화에서는, 아마도 현실에서도 마찬가지겠지만, 이렇게 사물이 도드라져도 결국 영화의 서사에 가려지고 만다. 인간의 대결과 삶의 의지와 영웅심과 애국심 그리고 인간성에 대한 관심이 앞서는 것이다.

〈아메리칸 스나이퍼〉도 예외가 아니다. 그럼에도 이 장면은 뭔가 다르다. 우선은 현재 시점에서 과거와 미래의 대비를 보여주는 사물들뿐만 아니라 그 안의 사람들까지, 이 모든 것이 사람의 눈이 아닌 드론의 눈으로 다시 포착되기 때문이다. 사람들은 여전히 싸우고 다치고 죽지만, 드론의 눈을 통해 본 장면은 사람의 눈으로 볼 때와 전혀 다르다. 흥미롭게도 드론의 눈을 통해 보면, 미군은 이미 알카에다에 완전히 포위당해 꼼짝없이 죽을 운명이다. 드론이 없었다면 포위를 뚫으려고 시도했겠지만, 이미 자신들의 운명을 선고받은 미군은 미사일 폭격을 요청해 차라리 적군과 같이 죽기로 결심한다. 하지만 이 순간 예기치 않은 사물이 등장한다. 바로 모래폭풍이다. 모든 것을 삼켜버린 모래폭풍으로 인해 미사일은 빗나가고, 병사들은 모래폭풍이라는 사물의 우연성이 만든 운명의 변주를 받아들인 듯이 갑자기 도망치기 시작한다. 덕분에 미군도 알카에다도 살아남지만, 그들은 서로를 다시 죽일 것이다. 그리고 언젠가 이곳에는 모래만 남을 것이다.

순간 모든 것을 삼켜버린 모래폭풍은 낡은 물건도 최첨단의 도구도 별반 소용이 없는 것으로 만들어 버리는, 그런 시간적 차이를 무의미하게 만드는 놀라운 힘을 지닌다. 덕분에 인간들이 살았지만 그들의 의지나 본성 때문이 아니기에, 반대로 다 죽는다고 하더라도 인간적인 이유 때문은 아니다. 그 어떠한 인과론적이거나 윤리적인 해석도 거부하는 우연의 산물인 사막의 모래폭풍은 이렇게 사물이 정말 무엇인지를 느끼게 해준다. 그런 점에서 영화의 모래폭풍은 레자 네가레스타니Reza Negarestani의 "모래주의"dustism의 관점에서 생각해볼 만하다. 소설이라기보다는 이론서에 가까운, 그래서 "이론-소설"theory-fiction이라고 알려진 『사이클로노피디아』는 미국인인 크리스틴 알반손Kristen Alvanson이 레자 네가레스타니를 만나러 이스탄불에 오면서 시작한다. 하지만 그를 만나기는커녕 연락마저도 끊기고, 대신 크리스틴은 호텔 침대 밑에서 네가레스타니의 이름이 손글씨로 적힌(그래서 그가 저자인지가 분명하지 않은) "사이클로노피디아"라는 제목의 원고를 발견한다. 원고는 이란의 고고학자인 하미드 파사니Hamid Parsani 박사의 글과 행적을 조사하고 분석한 연구서로서 크리스틴은 미국으로 돌아가 원고를 출판하기로 결심한다.

작가 자신이 소설의 인물이 되는 메타픽션의 형식으로 출판 과정을 소개한 후에, 『사이클로노피디아』는 본격적으로 네가레스타니(인물)의 연구 결과를 전한다. 중동의 역사와 종교를 파격적으로 재해석한 파사니의 글, 이 글을 해독하고 논의한 인터넷 커뮤니티인 하이퍼스티션Hyperstition의 기록, 들뢰즈를 비롯한 현대이론을 접목해 이 모두를 분석하는 네가레스타니의 연구 등이 "범벅"이 되어 소설은 감당하기 힘들 정도로 난해해지고 복잡해진다. 이 가운데 네가레스타니는 파사니의 『고대 페르시아를 훼손하기』의 한 문장을 인용한다. "나는 죽음이 골화되었을ossified 뿐만 아니라 잿빛 분말로 분쇄된 문화에서 온 사람이다. 그리고 그 분말이 시체성애적necrophilic 범벅을 만들기 위해서 우주의 물기와 습기를 끌어당기는 문화에서 온 사람이다."[3] 이어서 그는 파사니가 어느 인터뷰에서 한 말을 덧붙인다.

모래는 중동에서 우리가 가진 모든 것입니다. 모래는 잃어

---

3. Reza Negarestani, *Cyclonopedia* (Melbourne, re.press, 2008), p. 87.

버릴 걱정 없이 우리가 소비할 수 있는 모든 것이죠 … 원하는 만큼 깊게 숨을 들이마셔도, 모래는 절대로 고갈되지 않죠. 만일 지리적 단위로 안정되는 것조차도 거부하는 중동의 깊은 적의를 완전히 이해할 수 없다면, 그 이유는 중동의 육지 기반, 중동의 탄탄한 땅조차도 점진적으로 모래로 침식하고 퇴화한다는 점에 있습니다.[4]

다시 말해서, 모래는 중동을 그 어떤 인간의 통제와 지배와 이해로부터도 벗어나게 하는, 그래서 인간의 역사가 묻히는 곳으로 만드는 힘을 가진다. "모래주의"는 바로 이 힘을 말하는 것이다.

흥미로운 점은 중동에는 이 "모래주의"를 지구 전체로 퍼뜨리는 종말론적 힘, 즉 모든 것을 궁극적으로 모래로 만들기 위해 모래가 아닌 것들을 끌어당겨 "시체성애적 범벅"으로 만드는 힘이 그 아래 흐르고 있다는 사실이다. 바로 석유다. 하이퍼스티션은 이 "석유정치적 저류"petropolitical undercurrents를 "덩어리성"blobjectivity이라고 부른다.[5] 그리고는 "덩어리성의 관점에서 보면, 석유정치적 저류는 서사적

---

4. 같은 책, pp. 87~88.
5. 같은 책, p. 16.

윤활유로 작동한다. 일관적이지 않은 것들, 비정상적인 것들, 혹은 행성의 형성과 활동의 서사에서 우리가 단순히 '플롯의 구멍'이라고 말하는 것들을 이어주는 기능을 한다."고 설명한다.[6] 따져보면 석유는 중동을 세계가 모이는 전쟁 지역으로 만들었으며, 반면 세계는 석유를 사용하며 스스로를 파괴시키는 행보를 밟아왔다. 전 세계를 한 덩어리로 만들어 버린 것이다. 이렇게 "아브라함의 전쟁기계"와 "기술자본주의적 전쟁기계"를 상응시켜온 "석유정치적 저류"는 결국 9·11 이후에 "테러와의 전쟁"을 만들어낸다.[7] 그리고 이 모든 것은 석유를 둘러싼 분쟁국들이 표방하는 서로 다른 목적과는 달리 단 하나의 종말론적 종착점을 향한다. 세계를 다시 모래로 만드는 "모래주의"가 실현되는 것이다. 네가레스타니는 파사니의 "모래주의"와 "석유정치적 저류"를 파헤치며 다음과 같이 정리한다.

테러와의 전쟁의 혼돈의 플랫폼인 중동은 지속적으로 모래와 포자(혹은 무기 수준의 유품들)의 동요로 충전된다. 모래와 포자는 시간적으로 말하자면 현재에 속한다. 하

6. 같은 곳.
7. 같은 책, pp. 16~17.

지만 결정체나 포자 안에는 깊숙한 과거에서부터 동면해 온 개체가 담겨있다. 시간에 대한 모래와 포자의 접근방식 은 이중적이라기보다는 전복적이다. 즉 그것들은, 현재를 통해, 깊이를 알 수 없는 고대성을 그들의 환경으로 몰래 들여온다 ··· 모래는 전통이 없는 고대 혹은 초근대적ultra- modern 고대성을 담고 있다 ··· 만일 어떤 식으로 보든, 중동 이 모래투성이처럼 보인다 해도 그것은 중동이 죽었다는 의미가 아니다. 정반대로, 중동은 우주의 그리고 지구 안 의 축축함과 숨겨진 액체의 조류를 통해 생생하게 살아있 다. 건조함과 합쳐지기를 원하는 그 조류를 통해서 말이 다.[8]

모래는 "석유정치적 저류"를 작동시켜 현재에 다시 고대를, 인간의 "전통"과는 상관없는 과거를 회귀시킨다. 이처럼 "모 래주의"의 시간은 풀렸다가 다시 회귀하는 사이클론의 나 선형으로 지속된다. 인간의 역사를 뛰어넘은 모래의 시간 은 중동이 "지각이 있고 살아있는 존재"임을 알린다.

　난해하면서도 황당하게만 들리는 소설의 내용은 잠시

---

8. 같은 책, p. 96.

접어두고, 이제 네가레스타니의 이론을 〈아메리칸 스나이퍼〉의 모래폭풍 장면에 적용해보자. 석유를 둘러싼 현대의 국제정치적 상황은 결국 9·11과 테러와의 전쟁을 연이어 발발시키며, 크리스 카일과 미군들을 낯선 곳으로 데리고 와 알카에다와 싸우게 한다. 하지만 전쟁은 점점 더 목적이 불분명해지고, 당사자들은 자기 파괴적으로 변해간다. 이 과정에서 참전군인들은 트라우마로 고통받고, 결국 카일도 트라우마를 겪는 퇴역군인에 의해 희생당하고 만다. 석유를 위해 석유를 소비하는 전쟁은 "소비-지향적 자본주의"처럼 "종국에는 인간의 삶의 터전의 논리에 역행할 것이라는 점에서 반anti정치적 기계가 될 것이다."9

하지만 트라우마는 미군 쪽에만 생기는 것이 아니다. 알카에다 세력에 대해서는 짐작만 할 수 있지만, 적어도 영

---

9. Dipesh Chakrabarty, *The Climate of History in a Planetary Age* (Chicago, University of Chicago Press, 2021), p. 9. 차크라바티는 한나 아렌트의 논의를 바탕으로 "정치적 행동"을 "생의 시간 너머로 인간이 지구에서 편히 있도록 하는" 행위라고 설명하면서, 소비 위주의 자본주의를 반정치적이라고 정의한다(같은 곳). 잘 알려져 있다시피 차크라바티의 관심사는 자본주의가 초래한 기후변화와 인류세로서, 그는 이 문제를 진정으로 고민하기 위해서는 "인간중심적 구성체"인 "지구"(globe)가 아니라 인간을 중심에서 밀어낸 "행성"(planet)적인 시각이 필요하다고 주장한다(같은 책, 4). 아래 논의할 "지오트라우마"도 같은 시각을 요구하는 것이고, 결국 이를 위해서는 포스트휴머니즘적인 객체지향철학이 필요하다는 것이 나의 주장이다.

화는 전쟁으로 가족을 잃은 이라크인들의 모습을 통해 그들이 받은 상처를 보여준다. 네가레스타니의 이론으로 본다면 인간들의 전쟁이라는 표면 아래에서 "석유정치적 저류"로 인한 트라우마가 드러나는 것이다. 이처럼 저류는 한편으로는 전쟁을 통해 흩어진 나라들을 하나의 덩어리로 만들고, 다른 한편으로는 기후변화라는 또 다른 트라우마를 통해 세계를 한 덩어리로 만들고 있다. 그리고 이렇게 덩어리가 된 세상은 최근 인류세 논의가 거듭 강조하듯이 종말로 치닫고 있다. 결국 "석유정치적 저류"는 인간을 포함한 모든 것이 모래로 뒤덮인 미래, 그렇지만 "모래주의"에 따르면 "깊이를 알 수 없는 고대"의 어떤 것을 이 세상으로 회귀시킨다. 인간 이전의 사물의 세상이 되돌아오는 것이다. 영화의 모래폭풍 장면은 아주 잠시지만 그 세상을 보여준다.

"모래주의"와 "석유정치적 저류"가 황당하게 들릴 수도 있지만, 사실 『사이클로노피디아』는 소설임에도 이렇게 이론적으로 사용하기에 무리가 없어 보인다. 작가인 네가레스타니 본인이 이란의 철학자이면서 현대이론에 정통한 점도 있지만, 무엇보다도 작품이 수많은 "학자와 지식인들에게 영감"을 주면서 "미디어 이론, 대륙철학, 퀴어 이론, 정치사상, … 건축, 예술" 등의 분야에서 논의되었다는 사실에서 그러하다.[10] 이러한 반향을 입증하는 듯, 2011년에는 뉴욕의 뉴 스쿨 대학에서 〈버림받은 창조성〉Leper Creativity이라는 제목으로 작품에 대한 심포지엄이 열렸고, 여기서 발표된 글들을 중심으로 같은 제목의 책이 발간되기도 했다. 이 책의 첫 장에서 로빈 맥케이Robin MacKay는 "개인적 죽음의 위협"에서 오는 트라우마가 아닌 "물리적 실재 자체에 뿌리를 둔 좀더 깊은 트라우마"인 "지오트라우마"Geotrauma라는 개념을 소개한다.[11] 이 개념에 따르면, "트라우마는 사적인 것이 아니고, 지구의 시간은 우리 안에 기록되고, 축적되고, 뭉쳐있다. 인간의 모든 경험은 크텔Cthell [12]에서 우주로 전해지는 암호화된 메시지, 지구의 비명이다."[13] 그러면서 맥케이는 "네가레스타니의 손에 의해" 지오트라우마

---

10. Zach Blas, 재인용. Melanie Doherty, "Oil and Dust", *Oil Culture*, edited by Ross Barrett and Daniel Worden (Minneapolis, University of Minnesota Press, 2014), p. 366.

11. Robin Mackay, "A Brief History of Geotrauma," *Leper Creativity*, edited by Edward Keller, Nicola Masciandaro, and Eugene Thacker (Punctum Books, 2012), p. 20.

12. "크텔은 지구 탄생의 폭력으로 인해 생명체에 전해져 내려온 원초적 트라우마를 지칭하는 말이다." mechanicalowlblog, "THE SINS OF THE FATHERS AND THE BOSS FROG", 2018년 3월 21일 수정, 2022년 12월 18일 접속, 〈https://mechanicalowlblog.wordpress.com/2018/03/21/sins-of-the-fathers-and-the-boss-frog〉.

13. Mackay, "A Brief History of Geotrauma," pp. 20~21.

가 서사화되었다고 평한다.[14]

　전쟁으로 생긴 트라우마와 인류세로 생기는 트라우마도 지오트라우마라는 틀로 함께 논의할 수 있을까? 인간끼리의 혹은 인간에 의한 상흔을 인간의 문제가 아니라 인간과 대지의 문제, 인간과 사물의 문제로 다룰 수 있을까? 아니 좀더 정확하게 말하자면, 인간중심적 시각을 벗어난 사물 사이의 일로 다룰 수 있을까? 멜라니 도허티는 네가레스타니의 작품이 "'사변적 실재론'이라는 용어 아래 모인 다양한 현대철학 움직임들에 대한 흥미로운 문학비평"이라고 소개하면서, "우리가 세계에 대한 상관주의자의 인간중심적 시각을 버린다면, 그 결과로 나오는 철학이 실제로 제공하는 정치적 기회는 무엇인가?"라는 질문을 던진다고 말한다.[15] 하지만 정확히 말하자면 그의 작품은 사변적 실재론이 던지는 질문을 서사화한 것이다. 그래서 도허티의 질문을 사변적 실재론으로 옮겨 다시 묻는다. 인간중심주의를 벗어던진 사변적 실재론은 우리에게 무엇을 할 수 있게 하는가? 혹은, 여기서의 "우리"가 헤일스가 말하는 "우리"라고 가정한다면, 사변적 실재론은 포스트휴먼을 위해 무엇

---

14. 같은 글, p. 32.

15. Doherty, "Oil and Dust", pp. 370, 371.

을 할 수 있는가? 여기에 답을 하기 위해 이제 그레이엄 하먼의 작업을 살펴보고자 한다.

사물이라는 놀라운 존재 : 신사물론과 하먼의 객체지향 철학

21세기 들어 사물에 대한 관심은 신사물론이라는 이름 아래 다양한 성격과 방향으로 급격히 확장하고 있다. 사실 이러한 현상은 지난 세기의 여러 상황을 고려해보면 자연스러운 결과라고 할 만하다. 19세기 말 열역학 이론의 발전, 특히 조사이아 윌러드 깁스Josiah Willard Gibbs의 통계역학이 등장하면서 사물과 생명체가 모두 우연성을 따르는 존재일 가능성이 제기되었고, 이후 이 가능성을 바탕으로 인간과 기계를 모두 정보처리 시스템으로 볼 수 있다는 사이버네틱스의 기초가 마련되었다. 위너는 자신의 책 『사이버네틱스』의 첫 장에서 깁스의 역할을 인정하면서, 정보처리 시스템인 현대적 자동기계가 "뉴턴의 고전적 메커니즘"이 아니라 "깁스의 통계적 메커니즘"을 따른다는 점에서 "생명체와 같이 베르그송Bergson적 시간에 존재한다."고 천명한다.[16] 이후 위너는 양자역학을 도입하여 "뉴턴의 연구에 직

접적으로 바탕을 둔 물리학"이 유효하지 않음을 재차 강조
한다.[17]

양자역학은 물리학에서 시작해 "행위자적 실재론"agen-
tial realism이라는 개념을 발전시킨 캐런 바라드Karen Barad의
논의에도 기초를 제공한다. 뉴턴의 단선적 인과론을 거부
하고 양자역학에 의해 사물들이 "초과-상관관계"에 있는
상태를 "양자 얽힘"quantum entanglement이라고 부르면서, 바
라드는 "물질은 고정된 본질이나 사물의 속성이 아니라 행
위자적agentive"이라는 의미에서 "행위자적 실재론"을 개진한
다.[18] 테크놀로지의 발달로 인간의 삶과 사회 활동이 수많
은 기기 및 기계와 얽히면서, 더 이상 인간만이 행위의 주

---

16. Norbert Wiener, *Cybernetics or Control and Communication in the Ani-
mal and the Machine* (Cambridge, MIT Press, 1948, 1961), p. 44.

17. Norbert Wiener, *The Human Use of Human Beings : Cybernetics and
Society* (Boston, De Capo Press, 1950, 1954), p. 38. 이 책에서 흥미로운
점은 열역학의 엔트로피 이론을 바탕으로 하는 위너의 세계관과 사이버네
틱스로 인한 인간의 기계화에 반대하는 그의 인간관이 동시에 보인다는
것이다. 그는 "매우 진솔한 의미에서 우리는 운명이 정해진 행성에 사는 난
파선의 승객들이다."라고 말하지만, 동시에 "난파선에서조차 인간의 존엄
성과 인간의 가치가 필연적으로 사라지지는 않는다."고 호소한다(같은 책,
40). 사이버네틱스라는 비인본주의적 과학을 탄생시킨 위너가 인본주의적
이라는 역설이 보이는 지점이다.

18. Karen Barad, *Meeting the Universe Halfway* (Durham, Duke Univer-
sity Press, 2007), pp. 270, 137.

체가 될 수가 없음이 확인되었다. 동시에 그러한 관계가 사실 훨씬 더 오랫동안 지속되어 왔음을 재확인하는 입장도 강한 반향을 일으켰다. 라투르로 대표되는 "행위자 연결망 이론"ANT, Actor Network Theory 학자들은 근대 사회 이래로 점차 강력해진 행위자로서의 사물의 영향력을 발굴하면서 사회와 세계의 유지와 변화를 촘촘한 연결망 내에서 파악하고 있다.[19] 물론 결은 다르지만 이른바 프랑크푸르트학파의 학자들과 이들에게서 영향을 받은 프레드릭 제임슨 같은 학자들도 언급할 만하다. 이들은 20세기 들어 가속화된 인간의 물화reification 및 상품화, 그리고 더 나아가 인간을 제외한 사물들 간의 유통과 조합이 사회와 문화 영역 전반에 영향을 주는 후기자본주의, 소비주의, 포스트모더니즘을 비판하면서 사물에 대한 관심을 촉진시켰다. 이들의 비판은 20세기 후반 급속도로 악화된 환경문제의 원인

19. 라투르의 여러 저작에서 점진적으로 드러나는 개념인 "행위자-연결망 이론"은 "어떠한 존재도 고립 상태에서는 무의미하며 다른 존재들과의 수많은 (그리고 가변적인) 관계들 속에서 의미를 획득한다는 것"으로, 이때 "어떠한 존재"는 "인간과 물질적 객체"를 모두 포함한다(아네르스 블록·토르벤 엘고르, 『처음 읽는 브뤼노 라투르』, 황장진 옮김, 사월의책, 2011, 20쪽). 흥미로운 것은 라투르 본인은 그 이름이 "너무도 어색하고, 너무도 혼란스럽고, 너무도 무의미하기에 숨겨져야 마땅하다."라고까지 말하면서, 좀 더 조심스럽게 사용되어야 한다고 지적한다는 점이다(Bruno Latour, *Reassembling the Social* [Oxford, Oxford University Press, 2005], p. 9).

을 자본주의로 보고, 이에 대한 시급한 조치를 요구하는 학자들의 활동과 연결된다. 특히 폴 크뤼첸Paul Crutzen을 필두로 과학계와 사회학계에서 폭넓게 논의되고 있는 인류세Anthropocene 문제는 인류가 사물에 가한 피해의 폭을 가늠하거나 해결책을 마련하려는 노력으로 확장하고 있다.[20] 또한 "리좀," "욕망기계," "동물되기" 등의 용어에서 볼 수 있듯이, 생물학, 심리학, 사회학, 예술 등 여러 분야를 넘나들며 이른바 "생성의 철학"을 펼친 들뢰즈가 신사물론의 형성에 직간접적인 영향을 주었다는 점은 잘 알려져 있다.

20세기 전반에 걸쳐 점진적으로 축적된 사물에 대한 관심은 이제 신사물론이라는 이름 아래 모이고 있다. 다이애나 쿨Diana Coole과 사만다 프로스트Samantha Frost는 『신사물론』의 서문에서 "우리는 지금이 사물이라는 논제를 다시 열어 사물적 요인이 사회를 형성하고 인간의 가능성

---

20. 크뤼첸이 2000년에 처음으로 인류세라는 용어를 소개한 이후로 이에 대한 논의는 활발하게 진행되어왔다. 얼 엘리스(Erle C. Ellis)는 인류세 논의가 "두 번째 코페르니쿠스 혁명"이라고 할 만하다며, "인간이 무슨 의미인지에 대해 우리가 생각하는 방식을 급진적으로 수정할 가능성"이 있다고 진단한다(Erle C. Ellis, *Anthropocene* [Oxford, Oxford University Press, 2018], p. 4). 그러한 수정이 따른다면 지금 이 시기가 이른바 "좋은 인류세"(good Anthropocene)로 미래에 기억될 것이라고 엘리스는 제안한다(같은 책, 156).

을 제약하는 데 기여한 바를 재차 인정할 때라고 믿는다."
고 공언한다.[21] 여기서 주의할 점은 "재차"라는 낱말을 근
거로 신사물론을 루크레티우스나 에피쿠로스 등을 위시한
고대 그리스 철학자들의 논의의 재발견으로 보거나 맑스
의 유물론의 재연으로 이해해서는 안 된다는 점이다.[22] 물
론 이들의 논의와의 연관성을 인정해야겠지만, 동시에 21
세기에 등장한 신사물론에 좀 더 밀접한 배경이 있음을 유
념해야 한다. 바로 "계몽주의 이후로부터 세상 안의 인간
humans-in-the-world에 대한 우리의 시각, 즉 인간은 세상의 창
조자이고 세상은 인간 활동을 위한 자원이라고 설정한 시
각을 떠받치던 인간중심주의적 서사"를 적극적으로 비판
하고, "그러한 세계관의 결과로서 벌어지고 있는 윤리적, 생
태적, 정치적 책임과 그 절박함urgency"에서 출발한 새로운

---

21. Diana Coole and Samantha Frost, "Introduction", *New Materialisms*
   (Durham, Duke University Press, 2010), p. 3.
22. 같은 책에서 펭 치아는 신사물론이 전통적인 맑스적 유물론과 다름을
   강조하면서 "비변증법적 사물론"(non-dialectical materialism)을 주창한
   다(Pheng Cheah, "Non-Dialectical Materialism," *New Materialisms*,
   edited by Diana Coole and Samantha Frost [Durham, Duke University
   Press, 2010], p. 71). 데리다의 해체주의를 끌어들여 "물질성의 힘(the force
   of materiality)이 어떤 현존(presence)이나 실재(substance)에 근거하지 않
   고 힘의 주체가 구조적으로 타자에게 노출되기" 때문에 발생한다고 설명하
   며 변증법적 정과 반의 경계를 무너뜨린다(같은 글, 81).

움직임이라는 사실이다.[23] 또한 현대과학, 특히 양자역학을 위시한 물리학의 발전으로 사물의 사물성이 단순한 것이 아니라 "자체변형의 내재적 양식"이 있음을 입증했기에, 그 결과 "실재론적 데카르트나 기계론적 뉴턴의 사물 논의와는 매우 다른 존재론"이 가능해졌다는 사실도 역시 신사물론을 새롭게 받아들여야 할 이유다.[24] 이 책의 1장에서도 언급했듯이, 내가 "신유물론"이라는 용어에 반대하면서 **신사물론**을 채택하는 이유도 바로 이처럼 21세기의 시대적 요구와 20세기 중반 이후 변화된 과학적 세계관이라는 결정적 조건을 강조하기 위해서다. 또한 이러한 조건에서 형성되었다는 사실이 신사물론과 함께 성장한 포스트휴머니즘과의 연계 가능성을 열어주기 때문이기도 하다. 즉, 쿨과 프로스트가 진단하듯, 신사물론은 "포스트휴머니스트적인 사물의 수행성 개념과 인간의 수행 효능의 한계"를 보여주는 역할을 할 것이다.[25]

쿨과 프로스트가 제시한 연계 가능성을 감안한다면,

---

23. Estelle Barrett and Barbara Bolt, Introduction, *Carnal Knowledge* (London, I. B. Tauris, 2013), pp. 2~3.

24. Coole and Frost, "Introduction", pp. 9, 12~13.

25. 같은 글, p. 14.

포스트휴머니즘을 개척한 헤일스와 울프가 신사물론에 비록 유보적이지만 새로이 관심을 보인다는 점은 특별히 주목할 만하다. 헤일스는 홀거 푯츠Holger Pötzsch와의 인터뷰에서 "인문학이 과정의 물질성을 너무도 오랫동안 무시"했기에, "그레이엄 하먼의 객체지향존재론을 접했을 때 나는 마침내 누군가 사물에 관심을 갖는 것이라고 느꼈습니다."라고 진술한다.[26] 그러나 그는 곧바로 자신의 기대가 틀렸음을 깨달았다고 말하며, 그 이유는 하먼의 "존재론에서 중요한 아이디어는 사물이 영원히 우리에게서 물러나고 있고, 우리는 그것들을 알 수 있는 능력이 없다는 것"이기 때문이라고 덧붙인다. 그가 보기에는 "사물이 물러서기보다는 저항한다."고 하는 것이 더 적절하기 때문에 자신은 하먼의 아이디어에 실망할 수밖에 없었다고 밝힌다.[27] 우리가 사물에 대해 고민하고, 이해하고, 적응하는 이유는 바로 사물이 저항하기 때문이라고 설명하면서, 헤일스는 이 과정에서 "인간의 지식은 발전하고 증가"한다고 결론짓는다.[28]

---

26. Holger Pötzsch, "Posthumanism, Technogenesis, and Digital Technologies," *The Fiberculture Journal* 23 (2014), p. 103.
27. 같은 글, pp. 103~104.
28. 같은 글, p. 104.

헤일스는 또한 사물의 개별성을 강조한다는 이유로 하먼의 존재론이 "반反관계적"이라고 비판한다.[29] 즉, "하먼의 존재론에서 개체 간의 관계는 형성되자마자 관계이기를 멈추고 새로운 사물로 재등장한다. 그 어떤 관계성도 계속해서 더욱더 복잡한 사물로 전환되기에, 그의 철학에서 관계성을 논의할 방법은 궁극적으로 없는" 것이다.[30] 『비사고』에서도 마찬가지로 헤일스는 신사물론에 "의식과 인지에 대한 논의가 부재하다"고 지적하며, 부재의 이유로 의식과 인지를 논의하게 되면 "물질성에 집중함으로써 얻어진 급진적인 면을 잃을"까 봐 걱정하기 때문이라고 지적한다.[31] 신사물론이 학문적으로 엄밀하지 못하다고 지적하는 것이다. 그러면서 자신의 인지 논의가 신사물론의 한계를 극복한다고 주장하며, "물질적 과정에 대한 강건한 논의가 분석의 종착점이 되어서는 안 되고, 반대로 무기물에서 유기체, 비인간에서 인간, 비의식과 의식, 기술적인 것과 생물학적인 것에 이르는 다중적 접근법의 본질적인 요소가 되어야 한다."고 제안한다.[32]

---

29. 같은 곳.
30. 같은 곳.
31. Hayles, *Unthought*, pp. 65~66.

헤일스의 제안이 유의미하기는 하지만, 신사물론에 대한 그의 비판도 그러한지는 의문이다. 아래에서 『게릴라 형이상학』을 다루면서 좀 더 논의하겠지만, 하먼이 관계성을 부정하는 것은 아니다. 다만 관계성에 의해 개별 사물의 특수함이 함몰되는 경향에 반대하는 것이다. 반면 "회집체"라는 용어를 차용했다는 사실이 암시하듯이, 헤일스는 들뢰즈처럼 물질 간의 관계에 집중한다.[33] 따라서 모든 물질은 관계 속에서 그 의미를 찾고, 각각의 물질은 관계를 구성하는 단위체 이상의 중요성을 갖지 못한다. 만일 그렇다면 인간이라는 존재, 적어도 인간의 몸이 "독특하게 중요한 잠재성"을 가지고 있다는 헤일스 본인의 주장을 어떻게 설명할 수 있을까? 어쩌면 그러한 잠재성을 매우 중요하게 다루는 하먼의 신사물론은 헤일스가 생각하는 것보다 헤일스 본인의 논의와 더 가까운 건지도 모른다.

---

32. 같은 책, p. 84.
33. 그렇다고 헤일스가 들뢰즈에 동조하는 것은 아니다. 앞서 언급한 아무어와의 인터뷰에서 그는 다음과 같이 차이를 설명한다. "들뢰즈와 가타리가 주체와 기호와 생물체에 반하여 글을 쓰는(따라서 동일성의 일반적인 경계를 거부하는) 반면, 나의 '인지적 회집체'는 인간이나 컴퓨터 등의 이미 존재하는 개체라는 아이디어와 완전히 함께합니다. 오히려 강조되는 점은 이러한 개체들이 공생적으로 서로의 행동에 관여하는 방식이고, 따라서 인지와 행위성은 회집체 전반에 항상 그리고 이미 분포되어있는 것으로 이해됩니다"(Amoore and Piotukh, "Interview with N. Katherine Hayles", p. 147).

『법 앞에서』에서 라투르와 베넷을 언급했던 울프는 헬레나 페더Helena Feder와의 인터뷰에서 '포스트휴머니티즈' 시리즈의 편집장으로서 "객체지향존재론"과 "사변적 실재론" 등의 신사물론에 관심을 가졌지만, 결론적으로는 그것들에 동의하지 않는다고 밝힌다. 신사물론이 "어떻게 현상학적이고 존재론적인 특수함, 차이, 비균형 등을 제거하는 평평한 존재론flat ontology에 빠지지 않을 수 있는가"라는 문제를 겪고 있다고 지적하며, 울프는 "사실 나는 존재론에 관심이 없습니다. 나는 존재론이 오도된 철학적 프로젝트라고 생각합니다."라고 단호하게 선을 긋는다.[34] 『법 앞에서』에서의 그의 입장, 즉 생명체와 비생명체의 질적 차이를 강조하는 입장에서 보면, 개체들 간에 차이가 없다고 주장하는 평평한 존재론은 수용할 수 없는 주장이다. 그럼에도 울프는 "인간과 마찬가지로, 침팬지도 사물이다."라는 평평한 존재론의 시각에는 동의한다는 다소 모순된 입장을 보인다.[35] 사실 이 모순은 앞서 치우가 지적했던 울프의 존재론과 윤리관의 잠재적인 모순, 즉 인간은 항상 인간-동물

---

34. Helena Feder, "Changing Nature," *Interdisciplinary Studies in Literature and Environment* 21.4 (2014), pp. 889~890.
35. 같은 글, p. 890.

이었다는 일종의 존재론적 태도와 동물에 대한 인간의 책임을 묻는 윤리적 입장 사이의 불일치를 떠올리게 한다.

하지만 울프의 포스트휴머니즘 이론의 표제어인 "닫힘에서 열림"은 이 문제의 해답을 이미 전하고 있다. 인간이라는 닫힌 시스템은 사실 인간-동물이기에 항상 다시 열릴 수밖에 없다. 인간이라는 시스템이 인식론적으로 그리고 생명정치적으로 비인간 동물에게 문제를 유발한다면, 이 문제에 대한 근본적인 윤리적 책임을 물을 수 있는 근거는 바로 인간도 동물이라는 존재론적 사실이다. 인식론-생명정치-존재론-윤리로 연결되는 역동적인 움직임을 따라가다 보면 치우가 지적한 모순이 풀릴 가능성이 보이는 것이다. 결과적으로 "존재론에 관심이 없다."라는 울프의 말을 진지하게 재고해 봐야 할 필요가 있다. 물론 평평한 존재론과 객체지향존재론이 윤리적 책임 가능성을 부정한다는 점을 지적하고자 한 말이지만, 이 또한 그러한 존재론에 대해 울프가 충분히 열려있지 않다는 사실을 암시한다.

론 브로글리오Ron Broglio와의 인터뷰에서 울프는 다시 객체지향존재론이나 사변적 실재론을 거부한다는 사실을 재확인하면서도, 하이데거의 현존재를 재정의하는 작업의 중요성을 강조한다. 그는 현존재를 다시 이론화함으로써 하이데거의 가치를 재발견할 수 있으리라 생각한다. 왜냐하면 "현존재가 급진적으로 비인간, 무인간적인 특징을 가지기" 때문이다.[36] 공교롭게도 울프가 강조하는 현존재의 비인간성은 바로 하먼이 하이데거 철학에서 객체지향존재론을 시작하는 이유이기도 하다. 하이데거가 인간을 현존재로 상정함으로써 인간의 우월함을 정립하고자 했다는 사실은 하먼에게 중요하지 않다. 그에게는, 아마도 울프와 마찬가지로, 현존재의 비인간성은 모든 존재가 사물로서 평등하다는 객체지향존재론의 기반이 되는 것이다. 둘의 유사점을 고려한다면 울프가 이 인터뷰에서 하먼을 언급하지 않는다는 사실은 다소 의아하다. 따라서 하먼의 작업을 따라가며 과연 신사물론이 울프가 우려하듯이 오도된 프로젝트인지, 아니면 포스트휴머니즘의 동반자가 될 수 있는지 따져볼 필요가 있다.

1장에서도 밝혔듯이 내가 헤일스와 울프의 유보적 태도에도 불구하고 포스트휴머니즘과 신사물론의 연계, 더 정확히 말하자면 포스트휴머니즘에 신사물론을 포함시키고자 하는 이유는 그만큼 이들의 공조가 절실하기 때문이

---

36. Ron Broglio, "After Animality, before the Law," *Angelaki* 18.1 (2013), p. 182.

다. 인간중심주의를 벗어난다는 대원칙을 따르기만 한다면, 비인간 존재, 특히 비생명체인 사물의 잠재력과 역동성이 인간에게 깊은 영향을 미친다는 믿음을 유지하기만 한다면, 적어도 지금은 경쟁보다는 통합이 필요하다. 하지만 이러한 통합을 도모하는 것은 사실 쉬운 일은 아니다. 그 중심에는 정체성의 문제가 있다. 사이버네틱스를 기반으로 한 헤일스와 시스템 이론과 해체주의를 바탕으로 하는 울프의 포스트휴머니즘은 모두 정체성이 정보나 언어(혹은 기호)의 조합으로 이루어진, 즉 자의적이고 유동적인 것이라고 여긴다. 고유한 무엇, 즉 본질은 거부되기에 인간이라는 정체성[본질]을 바탕으로 한 인간중심주의도 당연히 거부당한다. 그리고 인간중심주의를 그렇게 본질적인 맥락에서 고수하는 시각과 논의를 강하게 비판하는 입장에서 인간과 비인간의 관계를 따진다.

반면 신사물론, 특히 하먼의 객체지향존재론은 말 그대로 존재를 우선시한다. 하지만 정말 중요한 것은 인간의 존재만을 존재로 인정하던 인간중심주의적인 시각을 버리고, 모든 사물이 존재론적 삶을 살고 있다고 주장하고 있다는 점이다. 영원히 알 수 없지만 무한한 가능성을 가진 개체로서 사물이 각각 존재하고 있는 것이다. 이러한 이유로 신사물론에서는 이전에는 금기시되다시피 했던 본질론이 다시 대두되고 있다. 20세기 중반 이후 치열하게 다투었던 본질주의와 구성주의 간의 논쟁과 후자의 (학문적) 승리를 생각해보면 쉽사리 받아들이기 힘든 일이다. 더구나 후자가 포스트모더니즘, 해체주의, 후기구조주의, 다문화주의 등 20세기 후반의 다양하면서도 영향력 있는 담론과 함께한다는 점에서 정치적, 윤리적으로도 본질주의로 돌아가는 것은 문제가 될 수 있다. 신사물론의 주장과 논의를 수용하고 발전시키면서 이러한 문제를 피해갈 수 있을까? 구성주의의 유효성과 중요성을 유지하면서도 본질주의를 되살릴 수 있을까? 하먼의 객체지향철학이 이 난제를 풀어가도록 포스트휴머니즘이 도와줄 수 있을까?

어쩌면 여기서 중요한 점은 답이 무엇인가가 아니라 그 질문을 한다는 것 자체일 것이다. 질문만으로도 포스트휴머니즘과 신사물론의 공조에 관심이 생기기 때문이다. 신사물론을 포스트휴머니즘 내에 위치시키는 이유는 자명하다. 인간의 활동이 지구온난화와 지질변화를 일으켜 인류세로 접어든 지금, 즉 인간에 의한 사물의 변화가 이미 인간의 통제를 벗어난 현재 상황에서 사물을 간과한다면, 포스트휴머니즘은 현시대에 가장 시급한 위기를 고민하는 이론이라는 장점을 포기하는 것이기 때문이다. 마찬가지로 신사물론이 단지 철학적 논의에 머물며 포스트휴머니즘에 담긴 위기의식을 반영하지 못한다면 21세기에 굳이 그 논의에 집중할 필요가 사라질 것이다. 이렇게 공조의 당위성을 찾아가다 보면 둘의 결합이 앞으로 가능한지 묻는 것이 아니라, 왜 아직도 그러지 않는지를 반성하게 되지 않을까?

하먼의 철학이 내게 중요한 이유는 바로 이 반성의 단초를 제공하기 때문이다. 그에게 사물은 놀라운 존재다. 그리고 그의 철학은 어떻게 사물이 그처럼 놀라운 존재인지를 밝히는 작업이다. 얼핏 보면 그다지 새롭지 않은 듯하다. 하지만 사람들은 사물이 자신이 생각하던 것과 너무도 딱 맞아떨어진다거나 혹은 생각치도 못했던 무언가를 연상시킨다고 여긴다. 하먼은 이를 "아래로 환원하기"undermining와 "위로 환원하기"overmining로 나누면서, 사물은 그처럼 주관적 틀로, 즉 인간의 틀로 가늠되는 대상이 아니라고 말한다.[37] 오히려 사물은 그런 틀이 가능하게 만들어주는 존

---

37. 하먼에 따르면, "아래로 환원하기"는 객체들이 "좀더 기본적인 것들로 구성되어 있고, 이 좀 더 깊은 실재가 철학의 적합한 주제"라는 입장이다. 단자론으로 대표되는 입장이라고 할 수 있다. 반면 "위로 환원하기"는 "객체들이 너무 깊"고 "정신에 드러나는 한에서 혹은 다른 객체들에 영향을 주는 무언가 구체적인 사건의 일부인 한에서만 중요하다."는 입장이다. 철학적으

재라고 그는 주장한다. 단순화되어 관계로만 복잡해지거
나 통합되어 총체적으로만 압도하는 것이 아니라, 각각의
사물이 그러한 존재라는 의미다. 따라서 그에게 사물의 놀
라움은 개별 사물에서 나오는 놀라움이다. 즉 본질적으로
사물은 놀라운 존재이고, 그렇기에 그들이 모여 구성한 무
언가도 놀라울 수밖에 없는 것이다. 지나치게 이론적이 되
어간다고 비판받는 포스트휴머니즘에 신사물론이 필요한
이유는 바로 애초에 비인간 존재가 왜 중요한지를 상기시
켜주기 때문이다.

사변적 실재론과 객체지향철학

레비 브라이언트와 티머시 모턴을 포함해 많은 이들을
객체지향철학으로 이끈 하먼은 2002년에 출간된 『도구존
재』에서 하이데거가 "백과사전적인 야망에도 불구하고 사
실은 독특하게 반복적인 사상가다."라고 전제하며, 바로 이
반복된 개념이 "도구존재"라고 단언한다.[38] 하먼의 객체지

로는 관념론이 여기에 해당한다(Graham Harman, *The Quadruple Object*
[Winchester, Zero Books, 2011], pp. 8~10).

38. Harman, *Tool Being* (Chicago, Open Court, 2002), pp. 3, 4.

향철학은 더 큰 맥락에서는 사변적 실재론에 속하고, 그리고 더 확장된 맥락에서는 신사물론에 속한다(그리고 앞서 내가 주장했듯이 궁극적으로 포스트휴머니즘에 속해야만 한다). 물론 객체지향철학을 받아들인 많은 학자들에게 하먼의 위치와 영향력은 의심할 여지가 없지만, 이렇게 소속을 넓히다 보면 적어도 같은 철학적 영역인 사변적 실재론의 다양한 입장에서 왜 그의 철학에 주목해야 하는지 의문이 생긴다. 이에 대한 하먼의 답변은 사변적 실재론의 입장들을 소개하는 그의 책에서 찾아볼 수 있다.

『사변적 실재론』의 서론에서 하먼은 사변적 실재론의 시작점이라고 할 수 있는 2007년 런던 대학에서 열린 철학 워크숍을 기록한다. "사변적 실재론"이라는 이름 아래 열린 이 워크숍에는 브라시에, 그랜트, 메이야수 그리고 하먼 본인이 참여했다. 서로 상이한 철학적 작업을 해왔음에도 불구하고 참가자들은 "대륙철학의 상관주의 배경과 대비되는 상당히 극명한 통일성"을 보이면서, 실재에 대해 이전과는 다른 "사변적"인 접근방식의 필요성을 공유했다고 하먼은 회고한다.[39] 이후에 사변적 실재론의 성장과 확장으로

---

39. Graham Harman, *Speculative Realism* (Polity, Cambridge, 2018), pp. 4~5.

이들의 차이가 더 극명해지면서, 메이야수는 물질주의를 강조하며 멀어졌고, 브라시에는 자신이 지어낸 이름임에도 불구하고 사변적 실재론을 거부하였다.[40] 따라서 다른 이들과 본인의 철학적 차이를 설명하는 하먼의 설명을 따라가다 보면 사변적 실재론에서 그의 객체지향철학이 가지는 특징이 자연스럽게 드러나게 된다.

"급진적 니힐리즘"으로 잘 알려진 브라시에의 발표를 되짚으면서 하먼은 자신이 그와 서로 다른 "철학의 목적, 그리고 넓게는 지적 생활의 목적"을 가진다고 말한다.[41] 브라시에는 "유의미한 것과 무의미한 것의 속성들을 구별할 수 있게 해주는 '기준'을 마련"하는 것이 선행되어야 한다는 입장이며, 이렇게 진리를 파악하기 위해서는 "과학적으로 정확하게 지각하게 해주는 지적 도구가 필요"하다고 주장한다.[42] 브라시에에게 철학은 그러한 지적 도구를 표방한다. 하지만 하먼은 그렇게 "정확하게" 인식하는 것은 자신의 철학적 목적이 아니라고 말하며 다음과 같이 설명한다.

---

40. 같은 책, p. 2.
41. 같은 책, p. 10.
42. 같은 곳.

OOO[객체지향존재론]가 사실과 감각에 대해 이야기하는 이유는 세계의 정확한 이미지와 거짓을 구분하기 위해서가 아니다. 왜냐하면 그것은 인식론적 구분이 아니라 존재론적 구분이기 때문이다. OOO에 있어서 무언가에 대한 지각이나 관계는 말 그대로 감각적 특성들로 구성되어 있다. 사물의 진정한 특성의 '정확한' 지각이란 없다. 왜냐하면 본성상 진정한 특성은 우리가 접근할 수 있는 무언가로 전환되지 않기 때문이다… 또한 진정한 특성은 감각이 아닌 지성으로 획득할 수 있는 것이 아니다… 대신 OOO는 실재와의 간접적 접촉에 대해 말한다.[43]

브라시에는 실재를 상관주의에서 벗어난 것, 즉 인간의 정신에서 독립된 것으로 본다. 그런 그에게 실재에 대한 가장 절대적이고 변함없는 사실, 즉 인간이 모두 사라져도 남는 진리는 바로 "지구의 궁극적인 소각, 별들이 음울한 갈색 껍데기로 불타는 것, 그리고 원자마저도 흔적 없이 사라지기 전 아원자 입자의 마지막 불꽃놀이"가 일어난다는 것이다.[44] 브라시에가 극단적 니힐리즘을 주장하면서 "우리는

43. 같은 책, p. 11.
44. 같은 책, p. 15.

이미 다 죽었다."고 말할 수 있는 것은 바로 그런 실재를 전제하기 때문이다.[45] 물론 니힐리즘을 야기하는 사실, 즉 "실재의 과학적 이미지"를 우리에게 알려준 것은 자연과학이고, 그렇기에 그는 자연과학에 대한 "우리의 완전한 헌신"을 요구한다.[46] 하지만 하먼은 이제 막 400년 남짓한 "우주의 이론"에 의해 제시된 머나먼 미래의 비전에서 철학의 토대를 찾는 브라시에의 극단적 니힐리즘에 의문을 품으며, "우리의 생존에 좀 더 가까운 위협"이 있음을 강조한다.[47] 다시 말해서, "언젠가는 우리가 분명히 죽을 것이라고 해서 이미 죽었다는 의미는 아니"기에, "우리의 즉각적인 경험"은 여전히 실질적이고 중요한 가치를 가진다.[48]

상관주의에 대한 비판을 주도하며 워크숍에 모인 다른 발표자들에게 큰 영향을 미친 메이야수도 과학주의를 신봉한다는 점에서 브라시에와 다르지 않다. 하지만 메이야수의 입장은 극단적 니힐리즘에서 시작하지 않는다. 그에게 과학은 인간이 존재하기 이전의 실재, 이른바 "시조

---

45. 같은 책, pp. 14~15.
46. 같은 책, p. 15.
47. 같은 책, p. 33.
48. 같은 책, p. 34.

적"ancestral 실재와 인간 이후의 실재를 알 수 있는 유일한 길이라는 점에서 중요하다. 메이야수의 글을 번역하고 소개한 하먼이지만, 그의 과학주의와는 확실히 선을 긋는다. 메이야수는 "OOO가 인간적인 속성을 죽은 물질에 투영하는 '주관적' 생기론"을 주장한다고 비판하며, 이를 극복하는 객관성은 수학을 통해 가능하다고 주장한다.[49] 물론 하먼은 그러한 비판에 동의하지 않는다. 그는 "메이야수가 수학자이면서 동시에 실재론자(혹은 적어도 '물질주의자')가 되려고 하기에, 실재와 그것에 대한 우리의 수학적 묘사를 구분해야 하고, 그래서 죽은 물질이라는 개념을 필요로 한다."고 지적한다.[50] 이런 식으로 메이야수는 "기본적으로 생각과 죽은 물질이라는 데카르트적인 이원론"을 반복하는 오류를 범하고 있다고 하먼은 비판한다.[51]

과학주의를 받아들이지 않는다는 점에서 하먼과 연결되는 학자는 그랜트다. 그랜트는 쉘링 및 들뢰즈와 가타리 등의 철학에 기초한 "생기론적 철학"을 전개한다.[52] 따라서

---

49. 같은 책, p. 135.
50. 같은 곳.
51. 같은 책, p. 136.
52. 같은 책, p. 53.

그에게 자연은 "모든 것이 환원되는 기초가 아니라 모든 것이 생산되는 기초"로 작동하고, 하먼은 이를 "너무도 복잡한 층위의 실재"로 자연을 상정하는 것이라고 설명한다.[53] 자연을, 즉 사물의 무한한 가능성을 상정하는 그랜트의 입장은 하먼의 생각과 그다지 달라 보이지 않는다. 하지만 하먼이 그랜트에게 갖는 의문은 다음과 같다. 만일 자연 혹은 실재를 그처럼 모든 것이 생산되는 생기론적 원천이라고 한다면, "그 자연은 세상에 존재하는 듯이 보이는 수많은 개별 존재들과 어떻게 연결되어 있는가?"[54] 여기에 대한 그랜트의 답은 한마디로 "지연"retardation이다.[55] 즉, "수많은 개별 존재" 혹은 "개인적(분명히 우리의 개인적 자아를 포함하는) 객체"는 자연의 흐름이 "지연"된 결과로 생긴 것이라고 답하면서, 그는 생기론적 원천으로서의 자연을 고수한다.[56] 그러나 "개별 객체를 철학의 시작점"으로 보는 하먼에게는 동의하기 힘든 답일 수밖에 없다.

하먼이 제기하는 그랜트의 또 다른 문제는 그의 독특

---

53. 같은 책, p. 56.
54. 같은 책, p. 65.
55. 같은 곳.
56. 같은 책, p. 56.

한 "이상주의" 개념이다.[57] 그는 "이상주의를 정신 외부에 있는 세계의 비존재에 대한 교리가 아니라 단순히 확장된 형태의 실재라고 본다."[58] 이상주의라는 개념조차도 자연의 생산물로 보는 것이다. 이렇게 이상주의와 실재론의 경계를 흐리는 시도가 후자의 확장을 의미할 수도 있겠지만, 하먼은 이를 위험한 행보라고 판단한다. 왜냐하면 "우리가 '평평한 존재론'의 의미에서 '이상주의'라는 용어를 사용하기 시작한다면, 중요한 적을 부르는 이름을 잃게 되는 것이기" 때문이다.[59] 그러면서 하먼은 실재란 "정신의 외부에 존재"하는 것일 뿐만 아니라, 더 나아가 "그 어떤 것에 견주어도 외부에 존재하는 것"이라는 객체지향철학의 입장을 근거로 그랜트식의 이상주의를 반박한다.[60]

칸트로 대변되는 상관주의의 전통을 거부하고 사변을 통해 실재에 접근하려 한다는 점에서 하먼은 사변적 실재론자로 소개된 위의 세 명의 철학자들과 함께한다. 하지만 그의 객체지향철학의 입장에서 보면 브라시에와 메이야수

---

57. 같은 곳.
58. 같은 곳.
59. 같은 책, p. 80.
60. 같은 곳.

는 과학적 혹은 수학적 방식으로 사변을 실행하려 한다는 점에서 한계를 보인다. 왜냐하면 그러한 실행은 결국 인간의 정신을 전제하는 것이고, 그 정신활동의 결과물로 실재를 이해하기 때문이다. 무엇보다도 수학적 묘사를 위해 사물의 항상성을 전제하는 메이야수의 철학은 사물의 무한한 가능성을 전제로 하는 하먼의 철학과 대치된다. 반면 그랜트의 경우에는 인간의 정신을 포함한 모든 사물을 자연이라는 이상적 실재의 단순한 부산물로 본다는 점에서, 자연의 복잡함이 사물의 복잡함에서 기인한다는 하먼의 입장과 다르다. 자연이라는 거대하면서 구분이 없는 무언가가 아니라, 각각의 객체 혹은 사물들이 가진 엄청난 잠재력에서 복잡성이 나온다는 생각이 바로 하먼의 객체지향 철학의 기본 전제이기 때문이다. 아래에서 논의될 『도구존재』에서 하먼은 그러한 잠재력이 어떻게 가능한지를 심도 있게 논의한다. 하지만 그보다 더 중요한 것은 그의 논의를 이끄는 원동력, 즉 과학적 혹은 초월적 틀로는 사물을 제대로 논의할 수 없다는 그의 태도일 것이다. 왜냐하면 사물은 그러한 틀로는 담아낼 수 없는 놀라운 존재이기 때문이다. 따라서 하먼 본인의 말을 빌리자면, "아래로 환원하기"나 아니면 "위로 환원하기"에서 멈추지 않는 것이 바로 사물에 대한 올바른 윤리적 태도이다.

도구존재로서의 사람과 사물

하먼의 객체지향철학은 2002년에 출간된 『도구존재』에서 본격적으로 시작한다. 책 한 권에 걸쳐서 개진된 논의이지만 사실 그 핵심은 예상외로 단순하다. 물론 그렇다고 논의의 깊이가 얕거나 그 중요성이 떨어진다는 의미는 아니다. 논의의 단순함은 하먼이 객체지향철학의 기본으로 삼고 있는 철학자인 하이데거를 그렇게 보기 때문이다. 그는 하이데거가 도구존재라는 개념을 반복하는 사상가라고 주장한다. 물론 이 또한 하먼이 하이데거의 철학의 깊이나 영향력을 폄하하려는 것이라고 받아들여서는 안된다. 오히려 하먼의 의도는 하이데거를 꼼꼼하게, 그리고 깊이 읽어가면서 그를 일관된 개념을 전개하는 사상가로 조명하여, 그의 "백과사전적인" 저작에 통일성을 가져다주려는 데에 있다. 책을 시작하면서 하먼이 스스로에게 부과한 과제는 결국 하이데거가 그처럼 일관된 사상가인지, 그리고 잘 알려진 "시간," "존재", "현존재" 등의 개념 대신에 "도구존재"라는 개념이 그러한 일관성을 담보하는지, 마지막으로 일관성을 부여하는 순간에 하이데거의 문제적인 행보, 즉 나치 정권과 관련된 그의 생각과 행동을 같은 맥락에서 파악해야 하는 의무를 어떻게 받아들인 것인지 등이다.

우선 하이데거가 일관된 사상가인가라는 문제는 어떤 기준에서 일관성을 판단하는가에 달려 있을 것이다. 포스트휴머니즘의 관점에서 보자면 하이데거 철학의 문제점은 그 근본적인 인간중심주의에 있다. 그에게 존재란 현존재, 즉 "세상을 형성하는"world-forming 능력을 가진 인간 존재를 의미한다. 이런 능력이 전제되지 않고서는 그가 전개하는 형이상학, 미학, 존재론 등의 철학적 논의는 불가능할 것이다. 문제는 그런 전제가 어떻게 가능한가라는 질문에 답하는 일이다.[61] 하이데거는 인간의 일반론을 내세우며 인간은 어떠어떠한 경험과 삶을 살고 있기에 어떠어떠한 존재일 수밖에 없다고 말한다. 물론 이러한 일반론은 아무런 근거 없이 그 자체로 지탱하기 힘들다. 하이데거의 방책은 많은 철학자들이 그랬듯이 비인간 존재, 특히 동물을 끌어들여서 인간과 비교하는 것이다. 동물에 대해서는 경험으로 알려

---

61. 이 문제에 대한 필자의 논의는 "Gulliver, Heidegger's Man" (*College Literature* 45.1, 2018)을 참조.

진 것과 과학적으로 입증된 것이 일반론을 형성하고, 따라서 동물과의 비교로 드러난 인간의 특수함도 일반론적 성격을 갖게 된다. 하지만 이런 방식으로 설명된 인간론은 인간에게 있는 고유하고 절대적인 특성에 근거한 것이 아닌 상대적 개념이다. 그럼에도 하이데거는 인간의 특수함, 즉 현존재를 인간에게만 해당하는 것으로 상정함으로써 인간중심주의를 드러내고 만다.

하먼은 파격적인 방식으로 하이데거의 철학에서 비교에 의한, 따라서 불안정한 토대인 인간중심주의를 제거한다. 그는 "어떤 것이 눈앞에 있음"vorhandenheit과 "도구존재"zuhandenheit의 구분이 하이데거 철학의 가장 근본이라고 주장하며,[62] 여기서 "도구존재"라는 개념을 이끌어낸다. 그리고 "도구존재"를 바탕으로 하이데거 철학의 여러 개념, 심지어는 현존재까지 재정립함으로써 인간중심주의가 제거된 철학적 일관성을 도모하고자 한다. 하먼의 시도가 파격적이라는 사실은 "하이데거가 도구존재에 그렇게 특출함을 부여하고자 했는지의 문제는 중요하지 않다."라는 말에서 곧바로 알 수 있다.[63] 하먼은 작가주의를 배제한 문

---

62. 두 용어의 번역은 박찬국의 『하이데거의 '존재와 시간' 읽기』(세창미디어, 2013)를 따랐다.

학비평가처럼 하이데거에 접근하는 듯하다. 즉, 하이데거가 한 명의 철학자이기보다는 일종의 텍스트인 것처럼 접근한다. 그렇기에 "이 책의 목표는 하이데거보다 하이데거를 더 잘 이해하고자 하는 것이 아니라 도구존재를 그보다 더 잘 이해하는 것이다."라고 공언할 수 있는 것이다.[64] 하이데거라는 개인의 의도와 이해도를 선결적으로 자신의 논의에서 제외함으로써, 하먼은 개인이 가져올 수 있는 비일관적인 태도와 주장을 피해갈 수 있는 근거를 마련하는 것이다. 이 근거는 이후에 하이데거의 정치적 행보를 그의 철학과는 다른 개인적 행보로 설명하는 데도 유용하다. 물론 이렇게 하이데거라는 개인을 제외하는 결정에 대해서 의문을 제기할 여지는 많다. 생애가 잘 알려져 있지 않은 고대나 중세 철학자의 경우에는 그러한 텍스트 중심의 논의가 적절할 수 있지만, 근대 이후의 철학자까지 그렇게 할 수 있는지는 의문이다. 다만 하이데거라는 개인을 제외시키는 하먼의 행보가 하이데거를 무시하거나 개인사적 논란을 축소시키려는 것이 아니라, 그의 철학에 담긴 잠재력을 발굴하기 위해 필요한 불가피한 결정이 아니었을까 하는 추

---

63. 같은 책, p. 5.
64. 같은 책, p. 6.

측으로 미흡하게 답을 해본다.

사실 하이데거의 의도를 무시하는 것보다 더 파격적인 하먼의 행보는 다른 데 있다. 바로 도구존재에 인간을 포함한 "모든 개체"가 포함되기에 "도구 분석은 그 유명한 현존재의 분석보다 훨씬 더 포괄적이다."라는 주장이다.[65] 하먼의 주장은 단순히 현존재라는 개념보다 도구존재라는 개념이 하이데거 철학을 이해하는 데 더 중요하다는 가치판단만을 의미하지 않는다. 인간과 도구를 등치시킴으로써 현존재로서의 인간, 그리고 하이데거를 제외한 철학자들이 다양한 방식으로 정의한 존재로서의 인간이 가진 특수함과 우월성을 과감하게 내려놓겠다는 뜻이기도 하다. 결국 이는 서양철학의 저변에 자리 잡은 인간중심주의라는 토대를 포기하겠다는 행보이기에 파격적이면서, 동시에 하먼의 철학이 포스트휴머니즘과 연계될 수밖에 없는 이유이기도 하다.

그렇다면 하이데거의 도구는, 적어도 하먼이 이해하는 바에 따르면, 어떻게 그처럼 중요해질 수 있는가? 우선 그에게 도구는 어떤 목적을 위해 사용하고 소비하는 것이라

---

65. 같은 책, p. 9.

는 일반적 의미의 도구에 그치지 않는다. 따라서 하이데거 철학에서 도구가 어떠한 개념인지를 꼼꼼하게 살피는 일로 하먼은 작업을 시작한다. 하이데거에게 모든 존재는 두 가지 측면을 지니고 있다. "어떤 것이 눈앞에 있음"과 "도구존재"라는 측면을 모두 갖고 있지만, 후자를 통해 세계를 형성할 수 있는 존재는 인간뿐이다. 하먼의 목표는 인간만이 할 수 있다고 하는 이 일을 모든 존재가 하고 있음을 밝히는 것이다. 하먼은 "하이데거의 도구존재의 진정한 시나리오"를 다음과 같이 설명한다. "도구는 현실에 촘촘하게 포진되어 있는 수행자이자, 관찰자에 의해 정리될 수 있는 그 어떤 속성 목록으로 환원할 수 없는 **영향력**"으로, 특정 순간에 보이는 속성의 합이 그 도구의 "도구존재"는 아니다.[66] 개체의 "도구존재"는 무한한 가능성을 담보하고 있고, 이 가능성은 바로 "총체성," 즉 "세계"를 만들어내는 능력을 말한다. 즉, "도구의 세계는 우주의 보이는 구조가 등장하는 보이지 않는 영역"이라고 하먼은 설명한다.[67]

보이면서도 보이지 않는 양가적인 성격, 어찌 보면 역설적으로 느껴지는 도구의 성격을 하먼은 지시성referentiality

---

66. 같은 책, p. 21.
67. 같은 책, pp. 22, 24.

이라는 말로 설명한다. 하면에 따르면, "'지시'는 도구가 드러나지 않으면서 만들어내는 만남의 최종점 혹은 종착점이다. 예를 들어, 미니어처 볼트가 다리를 '지시'한다면, 목수의 도구는 집 전체를 위해 사라지기 마련이다."[68] 결국 "지시는 개체가 보이지 않는 역량 속으로 **물러나는 행위**다. 개체는 그것의 기능 혹은 실행, 수행 안에 숨겨진다."고 하면은 말한다.[69] 지시를 통해 어떤 수행이 일어나는 순간은, 동시에 그 도구가 물러나는 순간이기도 하다. 여기서 유념해야 할 점은 수행이 꼭 인간의 목적에 부합하는 행위만을 뜻하지 않는다는 점이다. 따라서 도구의 지시성은 인간에 의해 결정되는 것이 아니다. 다시 말해서, 도구존재가 가능한 이유는 "인간이 우연히 도구를 마주하기 때문이 아니라, 도구들이 지시 기능에 따라 철저히 **결정된** 것이기 때문이다."[70] 이처럼 지시성은 도구가 역량을 발휘함으로써 무언가를 드러내면서 스스로는 사라지는 성격을 말하며, 이때 이 '무언가'와 도구의 관계에 인간은 필수조건이 아니다. 한마디로 인간중심주의적인 세계관으로 환원할 필요가 없는

---

68. 같은 책, p. 25.
69. 같은 곳.
70. 같은 책, p. 29.

것이다.

사물이 보이는 것과 보이지 않는 무언가를 동시에 지닌 도구존재라고 인정하는 순간, 우리는 현존재로서의 착각에서 벗어날 수가 있다. 즉, "일상생활에서 우리는 세계를 비교적 안정된 환경이라고, 그래서 생각하고, 행동하고, 초월하는 동물로서 우리 자신이 [그 세계를] 개인적으로 재구성할 수 있다고 상상한다. 그러한 상상을 통해 세계의 탈자적 구조가 인간의 정신과 신체의 움직임에서 나온다고 잘못된 추론을 하게 된다."[71] 도구존재로서 모든 사물은 "로서의 구조"as structure에 속해 있는데도, 마치 인간만이 그 구조를 점유한다고 착각한다는 뜻이다. 하먼의 비유에 따르면, 인간과 사물 모두 "로서의 극장 안에서" 연기를 하고 있는데도, 하이데거는 인간에게만 배역을 주고 있는 것이다.[72] 이렇게 하먼은 "하이데거가 『존재와 시간』의 원초적인 로서의 구조를 처음부터 오직 인간적인 것으로만 잘못 생각한다."고 비판하면서, 그 구조를 사물 전체에 적용시키고자 한다.[73]

---

71. 같은 책, p. 63.
72. 같은 책, p. 69.
73. 같은 책, p. 70.

도구존재를 새롭게 해석하며 이를 하이데거 철학의 토대라고 한 후에, 하먼은 이를 기반으로 기존의 하이데거 연구자들을 비판하는 작업을 한다. 그의 비판의 핵심은 두 가지다. 첫째, 기존 연구자들은 도구존재를 현실적 도구에 대한 논의라고 매우 협소하게 이해한다. 둘째, 그들의 잘못된 이해는 현존재가 하이데거 철학의 토대라고 믿기 때문이고, 이로 인해 인간중심주의적인 입장을 내포하게 된다. 이 두 입장이 조합됨으로써 생기는 문제는 바로 실재가 철학적 논의의 중심이 되지 못하고, 대신 인간이 언어와 같은 도구로 포섭·재현할 수 있는 정도에서만 중요해졌다는 것이다. 칸트는 실재를 물자체라고 하며 인간의 이해에서 벗어난 초월적 시공간으로 상정했고, 반면 20세기의 철학자들은, 휴버트 드레이퍼스Hubert Dreyfus가 지적하듯이, 회의적인 입장에서 "축소된 실재론"deflated realism을 내세우기도 했다고 하먼은 정리한다. 이처럼 철학이 실재, 즉 사물의 세계를 멀리한 것에 대해 하먼은 매우 비판적이다.

철학자들은 물리학이나 인지과학이 자신들의 영역을 공격할까 봐 너무 걱정한 나머지 언어적이고 실용적인 게토에 숨어 지내왔다. 철학의 영원한 고향인 실재 그 자체를 위해 싸우기를 두려워했다. 하이데거의 도구 분석으로부터 등장한 게릴라 형이상학은 이 고향에 최대한 빨리 자유를 가져오는 것을 목표로 한다.[74]

자신의 논의의 궁극적 목표, 하이데거의 도구존재를 통해 철학에 사물의 세계를 되돌려준다는 목표를 확고히 밝힌 후에, 하먼은 자신과 다른 주장들을 하나하나 거론하면서 반박한다.

우선 "하이데거와 포이에시스/프락시스 구분 사이의 연결점"을 고찰하는 로버트 베르나스코니Robert Bernasconi를 거론하면서, 그가 도구를 아리스토텔레스 철학의 관점으로만 이해한다고 비판한다.[75] 도구는 프락시스로, 반면에 도구의 존재론적 가능성은 포이에시스와 같은 것으로 생각하는 것이다.[76] 베르나스코니가 프락시스를 사물과 전혀 관련이 없는 것으로 설정한다고 지적하면서, 하먼은 "[베르나스코니의] 논문 전반에서 분명한 바는 도구존재를 현실 자체의 구조가 아니라, 인간 삶의 특별한 층위로 간주한다

---

74. 같은 책, p. 105.
75. 같은 책, p. 106.
76. 같은 곳.

는 점이다."라는 말로 정리한다.[77] 하먼은 결국 베르나스코니가 "도구존재를 실용적 생산으로만 해석하고, 인간의 현존재에서만 프락시스의 구원력을 찾는" 실수를 범한다고 평가한다.[78]

베르나스코니를 통해 대륙철학에서의 하이데거 논의가 자신의 논의와 어떻게 다른지 밝힌 하먼은 다음으로 영미권의 분석철학을 다룬다. 분석철학자들의 주된 의견은 "하이데거가 실용주의자"라는 것이다.[79] 그들 중에서 하먼은 『하이데거의 실용주의』를 쓴 마크 오크렌트Mark Okrent를 주로 논의한다. 그가 보기에 오크렌트의 실수는 "하이데거의 '이해'가 실용적 능력과 관련이 있다고 한 것"이고, 따라서 이해가 "사실은 그보다 훨씬 더 광범위한" 것임을 간과하는 데 있다.[80] 이 결과 오크렌트는 이해를 "능숙함"competence으로 해석하고, "우리 자신은 사물을 다룸에 있어서 종종 능숙하지 못하기에 … 이해의 유일하게 영속적인 근원은 우리 자신에 대한 지식일 뿐"이라고 단정하는 오

---

77. 같은 책, pp. 112~13.
78. 같은 책, p. 114.
79. 같은 책, p. 115.
80. 같은 책, p. 116.

류를 범한다.[81] 분석철학 전통에서 하먼이 비판하는 또 한 명의 철학가는 리처드 로티Richard Rorty다. 후기 하이데거 철학이 선험론적인 반면에, 초기는 실용주의적이라고 주장하는 로티의 논의를 따라가면서 하먼은 세 가지 문제점을 지적한다. 첫째, "도구존재가 눈앞에 있음에 우위를 점하는 것은 실용주의와 똑같다."고 로티가 말한 것에 대해, 하먼은 "도구분석은 객체들의 한가운데서 벌어지는 드라마를 묘사하는 것"이기에 실용적 지식의 차원에 국한시킬 수 없다고 반박한다.[82] 두 번째로 로티는 현존재와 언어를 분리할 수 없다고 말하지만, 같은 논리를 "실재 전반"reality as a whole까지 적용하는 실수를 범한다고 하먼은 지적한다.[83] 마지막으로 로티는 자신의 "언어적 실용주의" 입장에서 실재를 "이음매 없는 관계의 망"으로 보지만, 하먼은 "객체가 인간 언어와 관계할 뿐만 아니라 서로 간에도 관계"하기에 언어적으로만 이해할 수 없다고 반박한다.[84]

사실 로티를 포함한 20세기의 학자들은 언어를 하이데

---

81. 같은 곳.
82. 같은 책, pp. 166, 167.
83. 같은 책, pp. 167~168.
84. 같은 책, p. 169.

거 철학의 중심으로 설정하면서, 세계를 언어적 관계망의 차원으로 이해하고자 했다. 이에 대해 하먼은 "언어가 세계와 사물의 주요한 긴장에 관련될 때만 하이데거의 관심거리가 된다."고 주장하면서 반박한다.[85] 즉 하이데거의 언어관은 도구존재의 하나의 양상이지, 도구존재를 설명하는 토대가 아니다. 같은 논리로 하먼은 테크놀로지라는 이름 아래 도구존재를 "실용적 도구에 대한 설명"으로 이해하는 입장에 반박한다.[86] 마이클 짐머만Michael Zimmerman의 글을 예로 들면서, 그가 "오크렌트–드레이퍼스–로티에 의해 도구존재를 실용적 노하우로 읽는 모델"을 답습하는 실수를 범한다고 비판한다.[87]

마지막으로 하먼은 슬라보예 지젝Slavoj Žižek의 하이데거 논의, 특히 그의 "소급적 인과론 원칙"에 주목한다.[88] 지젝의 원칙에 따르면, "리얼the Real은 인간 주체 밖에 있는 '실재 세계'가 아니다. 그것은 인간 주체의 환상에 의해 처음으로 설정된 드러남과 드러나지 않음의 간극에 존재한다."[89] 보

---

85. 같은 책, p. 176.
86. 같은 책, p. 181.
87. 같은 책, p. 182.
88. 같은 책, p. 207.
89. 같은 곳.

이는 세계는 소급적으로 만들어진 것이기에, 즉 과거를 재구성하여 인과론적으로 보이게 된 세계이기에 진정한 실재가 아니다. 진정한 실재는 그러한 인과론에 완전히 포섭되지 않기에 보이지 않는다고 설명한다는 점에서 하먼은 지젝의 소급적 인과론에 동의한다. 하지만 하먼은 그가 이를 "협소한 인간 영역"에 국한시키기에 결국 "대부분의 현대철학을 지배하는 인간과 세계 사이의 바로 그 독특한 간극 주위에서 맴돈다."고 비판한다.[90] 지젝과 달리 하먼은 소급적 인과론이 "세계의 존재론적 구조"이며, 따라서 "인간의 소급이 존재론적으로 특별한 것은 없다."고 주장한다.[91] 모든 사물이 동일한 소급을 하기에, 지젝의 소급적 인과론은 마치 "마주하는 모든 것의 핵에 우리의 DNA를 재주입"하는 일종의 "레트로바이러스"retrovirus와 같다고 하먼은 묘사한다.[92] 이에 반해서 하먼이 말하는 실재론은 "환상"도 아니고, 최근 "축소된 실재론"에서 유행하는 "유령"도 아니다. 하먼에게 실재론은 "객체 자체를 위한 새로운 반란"을 일으키는 "게릴라 실재론"이며, 따라서 그는 현대철학이 여기에 "무

---

90. 같은 책, p. 208.
91. 같은 곳.
92. 같은 책, p. 216.

기와 인류애적인 도움을 제공할" 의무가 있다고 밝힌다.[93]

대륙철학과 영미철학 그리고 지젝에 이르기까지 다양한 영역들을 돌아다니며 "게릴라 실재론" 작전을 수행하는 하먼의 궁극적 목표는 하이데거의 철학에서 본인의 객체지향철학의 준거를 마련하는 것이다. 기존의 철학자들이 "로서의 구조"와 "도구"라는 하이데거 철학의 두 층위를 인간이라는 현존재를 통해 연결하고자 했다면, 이제 하먼은 그럴 필요가 없다고 한다. 왜냐하면 "하이데거의 세계는 우주의 이 두 층위 간의 끊임없는 물질대사"이기 때문이다.[94] 즉, 하이데거의 도구 논의를 현존재에만 국한시키지 않고 모든 사물에 적용하기에, "존재론적으로 말하자면, 숙련된 인간의 눈의 활동과 두 개의 돌덩이의 충돌 사이의 차이는 없다."고 말할 수 있는 것이다.[95] 이렇게 모든 사물이 도구존재로서 존재한다는 사실을 받아들인다면 인간과 사물의 관계는 재설정된다. 그리고 이 새로운 관계의 관점에서 본다면, 도구존재들을 인식하는 행위는 그것들을 지배하고 통제하는 것이 아니라 오히려 영향을 받는다는 의미가

---

93. 같은 곳.
94. 같은 책, p. 220.
95. 같은 책, p. 225.

되고, 따라서 "의식은 부수현상이 아니라 상호현상"이 된다.[96] 여기서 꼭 기억해야 할 점은 인간중심주의를 이렇게 포기한다고 해서 세상이 사물처럼 단조로워질 것이라고 걱정하거나, 세상 너머의 초월적인 무언가를 잃는다고 슬퍼할 필요가 없다는 것이다. 오히려 도구존재로서의 사물이 가진 무한한 가능성을 실재로 경험하면서 "현실은 **잠재성보다 더 풍부하다**"는 점을 확인하게 될 것이라고 하먼은 자신한다.[97] 왜냐하면 하먼에게 사물은 그만큼 놀라운 존재이기 때문이다.

매력적인 사물의 세계

2005년에 출간된 『게릴라 형이상학』에서 하먼은 『도구존재』에서 제시한 객체지향철학을 확립하고자 한다.[98] 이전 책이 하이데거의 철학에 근거해서 도구존재를 이끌어

---

96. 같은 책, p. 226.
97. 같은 책, p. 229.
98. 앞서 사용한 "게릴라 실재론"이 아닌 "게릴라 형이상학"을 제목으로 삼은 것이 이상해 보일 수도 있다. 하지만 하먼에게 사실 혹은 실재는 감각세계 뒤에 숨겨져 있는 사물의 영역을 가리키기에, 실재론과 형이상학은 교차사용이 가능한 용어가 된다.

내려고 했다면, 이제 그는 그 존재들의 놀라운 활약을 보여주려는 것이다. 우선 하먼은 신학과 현상학에서 사물이 "통합된 고귀한 힘의 하인이자 신하로 전락하고 있다"고 지적하면서, 이 둘이 "피로 맺은 형제"와 같기에 "똑같이 거부할 만하다."라고 주장한다.[99] 특히 현상학은 사물에 대한 관심을 보이는 것 같지만, 실제로는 "인간에게 접근 가능한 현상"으로서만 받아들이기에 이제는 "자주적인 객체로서의 사물 모델"을 지향할 때가 왔다고 말한다.[100]

이를 위해서 우선적으로, 그리고 다소 충격적으로 제안하는 개념은, "**비자연적 객체**"unnatural objects다.[101] 하먼은 비자연적 객체는 "현상이 아니다"라고 단정하며 그 이유는 "항상 그것은 사물이 우리에게 신호하기 위해 사용하는 외형이나 혹은 외형의 조합 이상이기 때문이다."라고 말한다.[102] 비자연적 객체가 자연적 객체(혹은 현상)와 다른 점은 우선 독립적이라서 "그 어떤 두 객체도 **직접적으로 서로를 대면하지 않는다.**"는 것이다.[103] 이렇게 "객체는 항상 세

---

99. Graham Harman, *Guerrilla Metaphysics* (Chicago, Open Court, 2005), p. 14.
100. 같은 책, p. 17.
101. 같은 책, p. 18.
102. 같은 곳.

상과의 조우에서 떨어져 있기에, 인과관계는 **간접적일 수**밖에 없으며, 사물 그 자체가 아닌 다른 수단을 통해 일어난다."[104] 다시 말해서, "자연의 사나운 관계망에서조차 물러나" 있는 객체이기에 "'비자연적,' 즉 자연적이 아니다"라고 할 수 있는 것이며, 하먼은 객체지향철학의 기본 교리를 "모든 인식적 그리고 인과적 관계로부터의 객체의 물러남"이라고 정리한다.[105] 하지만 여기서 의문점이 생긴다. 사물이 그처럼 서로에게서 물러나 있다면 "관계는 어떻게 발생하는가?"[106] 다시 말해서 도구존재는 서로에게서 물러나 있으면서도 어떻게 세계를 만들어내는가? 하먼의 책은 바로 이 질문에 답하고자 한다.

자신이 던진 질문에 답하기 위해 하먼은 현상학의 거목들을 차례로 논의한다. 비록 짧은 논의지만 하먼이 궁극적으로 바라는 것은 현상학 자체에 대한 논의가 아니라 현상학의 한계점에서 객체지향철학의 가능성과 중요성을 발견하는 일이다. 하먼의 첫 상대는 당연히 현상학의 창시자인

---

103. 같은 책, p. 19.
104. 같은 곳.
105. 같은 책, pp. 19, 20.
106. 같은 책, p. 20.

에드문트 후설Edumnd Hussserl이다. 하먼은 후설에 대한 하이
데거의 비판을 시작점으로 삼는다. 하이데거는 후설이 "지
향성을 통해 주체와 객체를 연결"시킴으로써 "지식이론의
유사문제 전부를 제거한다"고 칭찬하지만, 반면 그의 "지
향성이 세상을 시각적 현현으로 환원시킨다"는 점을 비판
한다.[107] 즉, 하이데거의 입장은 후설이 지향성을 "표상이거
나 아니면 표상에 근거한 것"으로 보는 한계를 갖는다는 것
이다.[108] 하이데거의 비판이 적확한 이유는 "그 어떤 개체의
감지할 수 있는 표상 너머에는 베일에 싸인 존재, 절대로 완
전히 현현되지 않는 더 깊은 실재가 있기 때문"이다. 간단히
말해서 도구존재가 있기 때문이라고 하먼은 설명한다.[109]

　　여기서 하먼이 직면한 난제는 현상학의 지향성에 대한
하이데거의 비판과 도구존재를 동시에 가져가려 하는 데
서 기인한다. 지향성은 분명 각종 개념이나 편견에서 벗어
나 사물 자체에 대한 관심을 부각시키기에 중요하다. 하지
만 그러한 지향성이 사물의 숨겨진 실재를 가려서는 안 된
다. 하먼은 "지향성의 구체성은 실재의 가능한 모든 층위에

---

107. 같은 책, p. 22.
108. 같은 곳.
109. 같은 곳.

속하는 것이지, 인간의 의식에만 속하는 것은 아니다."라는 말로 "이 난제에 대한 해결책"을 제시한다.[110] 즉, 인간에게만 구체성이 가능한 것이 아니라고 설명하면서, 이는 후설의 지향성을 "사물들 전체에 대한 단계"로까지 끌고 가는 것이라고 하먼은 말한다.[111] 현상학을 가장 현상학에 충실하게 적용함으로써 현상학을 인간의식에서 해방시키고, 그 결과 객체지향철학이 가능하다고 말하는 것이다.

두 번째로 하먼이 주목하는 현상학자는 엠마누엘 레비나스Emmanuel Levinas다. 감각적 세계를 중시하는 레비나스는 이후 모리스 메를로-퐁티를 거쳐 알폰소 링기스Alphonso Lingis로 이어지는 이른바 "육체의 현상학"carnal phenomenology을 시작하여, "특질과 신호로 가득한 반투명의 운무, 우리의 삶이 배치된 그 운무"에 관심을 갖도록 하였다.[112] 이때 "특질과 신호"에 반응하며 살아간다는 점에서 우리의 삶은 수동적으로 이해될 수밖에 없고, 따라서 "우리가 꿈꿨던 강력한 통치권을 거부당한다."고 하먼은 설명한다.[113] 하

---

110. 같은 책, p. 23.
111. 같은 곳.
112. 같은 책, pp. 33~34.
113. 같은 책, p. 36.

지만 레비나스에게 이런 삶은 결코 부정적이지 않고, 오히려 세상과 좀 더 밀접하고 윤리적인 관계가 만들어지는 계기다. "내가 구성한 세상이 나를 육성하고 감싼다. 세상은 자양분이자 매개체다."라는 레비나스의 말에서 알 수 있듯이, 인간은 감각적 세계에서, 이 매개체와 접촉하고 의존해서 살아가는 것이다.[114] 레비나스는 이러한 접촉을 "향유"enjoyment라고 명명하는데, 하먼은 여기서 "나는 절대로 단순히 향유만 할 수 없다. 나는 동시에 객체화한다."는 점을 강조한다.[115] 결국 매개체는 객체화된 무언가로, 레비나스는 이를 "요소"element라고 부른다.[116] 중요한 점은 요소가 객체화된 무엇이지 절대로 객체 자체는 아니라는 것이며, 동시에 주체의 감각도 아니라는 사실이다(객체 없이 감각만으로 향유는 불가능하다). 따라서 "요소는 완벽히 비객체적인 무엇이다. 인간 경험의 통제 가능한 대상도 아니고, 어떤 형이상학적 물자체도 아니다. 하지만 모든 객체는 요소로부터 나타나고, 요소로 사라진다."고 하먼은 밝힌다.[117]

---

114. 같은 곳.
115. 같은 책, p. 37.
116. 같은 곳.
117. 같은 곳.

요소는 감각적 세계에 가득하고, 우리는 이를 통해, 그 안에서 경험하고 향유한다. 따라서 요소의 다른 이름은 "감수성"sensibility이다.[118] 요소 혹은 감수성은 감각적 세계를 가득 채운 객체가 향유되는 방식을 설명하지만, 동시에 그 객체가 향유되는 것 이상의 존재라는 사실을 환기시킨다. 하지만 하먼은 레비나스가 요소의 세계를 너무도 단순하게 생각한다는 점에서 자신과 다르다고 명시한다. 즉, 레비나스는 요소가 "실재의 단일한 수동적 혹은 반응적인 층위에 국한되어 있으면서, 객체의 다중적 층위에 엮이기를 거부"한다고 간주하기에, 결국 세상의 다양성은 인간에게서 나온다는 입장을 취할 수밖에 없다.[119] 요소의 세계가 단순하다는 시각은 또한 레비나스로 하여금 특정한 현실에만 "의식의 신실함"을 적용하게 만든다.[120] 의식이 현상 너머의 세상을 진실하게 느낄 수 있도록 해주는 사물들이 특정되어 있다고 레비나스는 말한다. 반면 하먼에게는 모든 사물들이 그런 가능성을 갖고 있는 존재다.[121]

---

118. 같은 책, p. 38.
119. 같은 책, p. 43.
120. 같은 곳.
121. 같은 곳.

레비나스 다음으로 하먼이 논하는 현상학자는 메를로-퐁티다. 레비나스에 대한 하먼의 비판을 상기한다면 메를로-퐁티의 철학은 그러한 비판에서 벗어날 소지가 다분하다. 왜냐하면 메를로-퐁티에게는 특정 현실이 아닌 세계의 모든 것들이 신실함의 대상이기 때문이다. 그에게 "객체는 전통적 실재론에서 말하는 둔감한 물질 덩어리가 아니다. 대신에, 객체는 천사이자 괴물이며, 항상 색깔과 속삭임과 맴도는 냄새로 둘러싸여 있다."고 하먼은 전한다.[122] 이러한 객체를 "향유"하기 위해서는 정신이나 시각뿐만 아니라 몸 전체가 필요하다. 메를로-퐁티에 의하면 "우리의 물리적 신체는 보편적 번역 도구"이고, "나의 몸은 다른 객체 사이에 존재하는 객체일 뿐만 아니라…나머지 모든 것에 민감한 객체, 모든 소리에 반향하고 모든 색상에 진동하는 객체다."[123] 이렇게 몸의 모든 감각을 열어서 객체에 접근해야 한다는 입장이 객체에만 집중하는 "과학적 실재론"으로 빠질 수 있다는 위험을 인지하기에, 이를 막기 위해 메를로-퐁티는 "관계의 형이상학"을 발전시킨다.[124] "관계의 형이상

---

122. 같은 책, p. 46.
123. 같은 책, p. 49.
124. 같은 책, p. 50.

학"에 의하면, "만일 객체가 나의 지각으로만 환원될 수 없다면, 그러면서도 그 지각 밖의 어떤 실재하는 개체가 아니라면, 아직 또 다른 방법이 남아있다. 즉 아마도 객체는 많은 지각들이 집중된 것일 수 있다는 사실이다."[125] 물론 이러한 다중지각으로 객체를 설명하는 방법은 후설에게서 시작된 것이지만, 메를로-퐁티는 사물의 지각까지 포함한다는 점에서 큰 차이를 보인다고 하면은 평한다. 즉, "의자란 그 의자가 장시간에 걸쳐 내게 나타날 수 있는 모든 방식을 통합한 이상적 원칙일 뿐이라기보다는, 의자가 내 자신, 굴뚝, 양초, 회중시계, 개 등에 의해 '지각된' 방식의 총합이라고 바라보는" 것이 메를로-퐁티의 입장이다.[126]

인간의 지각이라는 협소함에서 벗어나 사물의 지각까지 포함하는 메를로-퐁티의 입장은 하먼의 철학과 매우 유사하다. 하지만 메를로-퐁티는 이후에 자기 주장에서 한 걸음 물러난다. 사물의 지각을 인정하기보다는 인간의 의식을 통해서만 그러한 지각이 가능하다고 정정하였고, 하먼은 "메를로-퐁티가 그토록 혁신적이긴 했지만 결국 자신의 시

---

125. 같은 곳.
126. 같은 책, pp. 51~52.

대의 산물일 수밖에 없다."는 말로 아쉬움을 전한다.[127]

하먼의 철학적 입장과 가장 근접한 논지를 펼치는 사람은 알폰소 링기스다. 링기스는 후설, 레비나스, 메를로-퐁티 등과 달리 개별 객체들을 "인간 의식의 산물이라고 여기지 않는다. 그 객체들은 어둡고 고귀한 기술을 세상에서 실행하도록 이미 언제나 자유롭게 풀린 전조omens들"이라고 말한다.[128] 따라서 레비나스의 타자처럼 이들은 "명령을 내리는 객체"이지만, 하나의 유일한 무언가로 "으르렁대는" 타자와는 달리 다양하게 독립적인 개체들이다.[129] 하지만 마치 행글라이더가 바람과 기온에 맞는 방식으로 움직여야만 날아가는 존재가 될 수 있는 것처럼, "그 명령은 사실 윤리적이라기보다는 존재론적인 성격을 지니고 있다."는 점을 링기스는 강조한다.[130] 여기서 존재론적이라는 의미는 윤리적인 대응을 통해 객체와 연결되는 것이 아니라, 이미 그 이전에 객체의 존재를 감지하는 것만으로도 명령을 받는다는 뜻이다.[131] 이런 점에서 링기스는 "윤리와 지각의 현상학

---

127. 같은 책, p. 53.
128. 같은 책, p. 60.
129. 같은 책, p. 62.
130. 같은 곳.
131. 같은 책, p. 63.

이 통합된 이론의 장"을 제공하며, "레비나스와 메를로-퐁티의 완벽한 융합"을 보여준다고 하먼은 평가한다.[132] "왜냐하면 객체에 대한 가장 단순한 지각마저도, 신호를 보내지만 접근이 불가능한 개체, 다양하면서도 제한된 겉모습만으로 우리를 유혹할 수 있는 개체의 명령에 반응하라고 요구하기 때문"이라고 하먼은 정리한다.[133] 특정한 시공간을 같이하는 사물들이 서로를 지각하며, 서로의 명령을 따르며 사는 곳이 바로 링기스의 철학이 그리는 세계다. 따라서 "우리가 현재 차지하고 있는 이 공간은 절대로 실체substance가 아니라, 단지 세계의 어떤 한 단계level일 뿐"이라고 할 수 있다.[134] 하먼은 링기스의 "단계"에 특별히 주목한다. 왜냐하면 바로 이 단계가 "우리가 항상 서 있는, 그리고 객체들이 우리를 깊숙한 무언가로 유혹하기 위해서는 우리가 반드시 서 있어야만 하는 장소"이기 때문이다.[135]

후설에서 링기스까지 이르는 현상학의 흐름을 따라가며 하먼은 자신의 객체지향철학의 토대를 마련한다. 후설

---

132. 같은 곳.
133. 같은 책, pp. 63~64.
134. 같은 책, p. 65.
135. 같은 책, p. 67.

의 지향성을 인간 의식으로 회귀시키지 않고 사물의 보이지 않는 실재로까지 밀고 나가면, 레비나스의 말대로 보이는 세계와 보이지 않는 세계, 즉 요소와 실재의 구분이 가능해진다. 하지만 레비나스는 요소를 개별성이 부재한 무언가라고 보았고, 이에 반해 메를로-퐁티는 사물의 개별성을 인정하고, 여러 사물들이 참여하는 이른바 "관계의 형이상학"을 발전시켰다. 이때 지각되는 객체, 즉 보이는 것은 보이지 않는 객체 혹은 실재와 다른 층위에서 연결되어 있고, 링기스는 이 층위를 단계라고 명명한다. 정리하자면 하먼의 객체지향철학은 현상학적 지향성으로 사물에 관심을 가지면서, 이 사물이 관계를 통해 보이는 객체의 단계와 그러한 관계 너머 보이지 않는 객체의 단계를 동시에 가진 도구존재임을 밝히는 작업이다. 여기서 도구존재는 어떻게 세계를 만들어 내는가라는 질문이 결국 객체의 단계를 향한 것임을 파악할 수 있다. 즉, 각 단계의 요소에 집중을 요구하는 질문이라는 뜻이고, 그 때문에 "객체지향철학은 필연적으로 요소의 철학"이라고 하먼은 명시한다.[136]

"요소의 철학"이라고 할 정도로 요소는 하먼에게 있어

---

136. 같은 책, p. 169.

서 중요하다. 따라서 좀 더 논의할 필요가 있다. 객체가 직접 관여할 수가 없기에, 감각적 세계의 관계는 항상 매개체를 통해 일어난다. 하지만 여기서 유념할 점은 매개체가 그냥 실체가 없는 감각 정보가 아니라는 사실이다. 객체가 없는 특성이나 특질은 불가능하기에, 매개채도 객체처럼 존재해야 한다는 것이다. 이제 하먼은 이 특질을 보이는 객체들, 즉 매개체들을 "요소들"이라고 부른다. 레비나스가 단수형인 "요소"를 사용하여 개별성이 없는 "실재의 심연"을 반영하고자 했다면, 하먼은 복수형을 사용함으로써 도구 존재가 각각의 개별자임을 확실히 밝히고자 한다. 그리고 하먼은 요소들의 작동을 다음과 같이 설명한다.

> 이러한 객체들이 조용히 물러서 있기보다는 우리에 의해 조우할 수 있는 경우에 한해서, 그 객체들은 감각의 장을, 그리고 아마도 무생물 세계까지도 구성하는 요소들이다. 하지만 요소들이 객체들인 한에서, 직접적으로 주변을 건드릴 수 없다. 왜냐하면 그들은 다른 것의 현실을 완전히 소진시킬 수가 없기 때문이다. 따라서, 감각의 장에서 요소들 사이의 상호 작용은 대리의 인과율vicarious causation이라는 성격을 갖는다. 그리고 감각의 세계는 서로 맞대어있는

요소들로 가득하다. 마치 직접적 접촉이 없이 상호 영향을 주는 진공이나 현실의 공기 방울처럼 말이다.[137]

요소들에 대한 하먼의 묘사는 사실 만족스럽지 못하다. 요소들이 이런 식으로 객체처럼 존재한다면 굳이 요소들이라는 개념을 끌어 쓸 필요가 있을까? 객체의 성격을 "대리의 인과율"이 가능한 무엇으로 규정하면 되는 것이 아닐까? 결국 객체와 객체처럼 존재하는 것의 차이는 무엇인가? 서로 직접 연결되지 않는다는 원칙을 고수한다면, 객체처럼 존재하는 요소들은 어떻게 관계를 맺을 수 있을까?

하먼도 이 문제를 직시하고 있다. 요소들로 인해 "모든 관계가 대리적 관계"가 되고, 결과적으로 "우주는 객체와 주변의 객체들이 서로 매혹되어 나란히 공존하는 것"이라는 "다소 기이한 사물의 모델"만이 남기 때문이다.[138] 그러나 정작 기이한 것은 요소들, 즉 관계를 가능하게 하면서도 동시에 객체처럼 직접 연결되지 않는 역설적 존재들이다. 이 요소들에 대한 하먼의 설명은 여전히 미흡하다. 그럼

---

137. 같은 책, p. 161.
138. 같은 책, p. 165.

에도 불구하고 하먼은 요소들을 놓지 못한다. 왜냐하면 그에게 "요소들은 세상을 한데 잇는 접착제다. 현실을 유지시키는 대리적 원인이자 사물의 목공의 직업 비밀"이기 때문이다.[139] 그러면서 그는 "요소들은 지각이 있는 관계만이 아니라 모든 관계의 기초"이고, 요소들의 관계로 만들어진 객체는 감각적 객체이기에 "요소들은 감각적 객체들의 노트들이다."라고 덧붙인다.[140] 하지만 또다시 "일반적으로 객체와 그들의 은밀한 내적 노트는, 접촉 가능성을 저버리기에, 다른 모든 객체들이 건드릴 수 없다."는 원칙에도 불구하고, "감각적 객체의 감각적 요소들은 예외다."라고 말한다.[141] 요소들이 왜 예외적인지, 그리고 그런 예외가 가능하다면 사물에 대한 그의 이론이 전면적으로 수정되어야 하는 것은 아닌지 의문이 들 수밖에 없다.

의문을 풀어내기보다는 오히려 악화시키는 또 다른 문제가 보인다. 바로 하먼의 설명이 점차 은유적으로 흐르면서, 내용이 더 모호해진다는 사실이다. 예를 들어, 그는 "요소들을 마주할 때 우리는 이미 지향된 객체 자체의 화산

---

139. 같은 책, p. 166.
140. 같은 책, pp. 169, 171.
141. 같은 책, p. 171.

핵에 있는 우리 자신을 발견하는 듯하다. 이 순간의 중요성은 말로 담기 어렵다. 처음으로, 우리는 객체의 내부, 객체의 내부적 마그마 혹은 내부 형질을 대면하게 된 것이다."라고 설명한다.[142] "화산"이나 "마그마"와 같은 은유가 객체 내부의 잠재성과 역동성을 느끼게 하지만, 그렇다고 요소들이 이를 어떻게 "대리적"으로 전할 수 있는지 설명하지는 않는다. 그저 은유를 통해 그런 듯이 느껴질 뿐이다. 어쩌면 인간의 언어로 언어 너머의 무언가를 전한다는 불가능한 작업이라서 그런지도 모르겠다. 하먼 스스로도 자신의 논의가 "이미 이건 은유의 매력에서 발생하는 일과 매우 비슷하게 들린다."고 인정한다는 점에서, 좀 더 명료하고 논리적인 설명을 기대하기는 힘들어 보인다.[143]

그처럼 모호하고 은유적인 내용이 될 줄 알면서도 하먼은 왜 요소에 대한 논의를 해야만 했을까? 서두에 밝힌 것처럼, 객체는 서로에게서 물러나기 때문에, 객체만을 논의해서는 우리가 현실에서 접하는 감각적 세계를 설명할 수가 없기 때문이다. 하지만 문제는 객체의 형이상학과 실재론을 하나로 묶는 원칙들이 감각적 세계를 이른바 '상식'적

---

142. 같은 곳.
143. 같은 책, p. 179.

으로 설명하기에는 불충분하다는 점이다.[144] 대리의 인과

율을 고수하면서, 통상적으로 인과관계로 이해되는 감각

적 세계를 만족스럽게 설명할 수가 없는 것이다. 직접적인

인과관계를 부정하면서 사물들이 서로 반응하고 모이고

나뉘고 변하는 과정을, 특히 반복적으로 그리고 대체로 안

정적으로 일어나는 현실의 과정을, 어떻게 기술할 수 있을

까? 결국 하먼은 또 다른 은유를 도입할 수밖에 없다. 바로

---

144. 안나 머드(Anna Mudde)는 하먼의 "포스트휴머니스트 객체지향존재론"
이 객체화된 인간을 상정할 정도로 객체에 대해 관심을 갖지만, 그렇게 객
체화된 인간이 동시에 객체화하는 "존재론적 이중성의 지점"이라는 점에
대한 고민이 부족하다고 지적한다(Anna Mudde, "Being (with) Objects,"
Continental Realism and Its Discontents, edited by Marie-eve Morin
[Edinburgh, Edinburgh University Press, 2017], p. 117). 머드는 이 문제를
하먼의 "이상주의적 경향"이라고 설명하면서, 해결책으로 시몬 드 보부아
르로 대표되는 "페미니스트 현상학자들"의 작업을 제안한다(같은 곳). 왜
냐하면 이들의 작업은 객체화하는 인간 존재이면서 동시에 사회에서 객체
화되는 여성으로서의 경험을 반영하기 때문이다. 해러웨이의 말을 빌리자
면, 여성의 "상황적 지식"이 하먼의 이상주의를 보완한다는 것이다. 머드가
명확히 짚어내듯이, 하먼의 작업에서 "객체화하는 행위자는 객체들의 (감
각적) 현현을 유지하는 방식으로 객체를 설명하지만, 실제 사물 자체는 '건
드리지' 못한다."(같은 책, 121). 감각적으로 경험한 객체에 대해 인간중심
주의에서 벗어난 방식으로 설명하지만, 그 이상의 작업으로 이어지지는
못하는 것이다. 또한 객체가 항상 물러난다고 주장하기에 객체의 내면을
설명하는 순간에 역설적으로 그는 객체에서 가장 멀리 떨어지게 된다. 결
국 객체의 내면에 대한 설명은 이전의 감각적 객체를 설명하던 방식을 다
르게 반복할 수밖에 없게 된다. 책의 후반부가 점점 더 은유로 가득할 수
밖에 없는 이유다.

책의 부제인 "목공예 형이상학"이다. 절대로 완전히 드러나지 않는 객체들로 세상이 이루어져 있음을 강조하면서, 그럼에도 불구하고 이러한 객체들이 서로 연결되어서 현상을 만들어내는 방식, 즉 "진공상태로 닫힌 개인 방"에 있는 객체들을 서로 연계하는 모양새를 하먼은 "목공예"에 빗대어 말한다.[145] 그에게 "객체의 형이상학은 필연적으로 사물의 목공예 이론에서 시작"할 수밖에 없다.[146]

여기서 하먼은 "무한대로 물러난 사물들을 우리의 경험을 측정하는 수단으로 쓰기를 그만두는 것이지, 그처럼 물러난 사물들이 있다는 사실을 완전히 부정하는 것이 아니"라는 점을 재차 확인한다.[147] 그러한 부정은 종종 관계를 통해 사물을 설명하는 이론으로 이어진다. 하먼은 알프레드 화이트헤드Alfred Whitehead의 예를 들면서, 두 가지 측면에서 그의 이론을 반박한다. 첫째로 화이트헤드의 "관계 이론은 거울의 방을 지나치게 떠올리게 한다."는 것이다.[148] 어떤 사물을 논할 때 그 사물을 보는 시각 혹은 거울을 끝없

---

145. 같은 책, p. 76.
146. 같은 책, p. 79.
147. 같은 곳.
148. 같은 책, p. 82.

이 연결시킨다고 해서, 그 사물 자체에 가까워지는 것은 아니라는 의미다. 다른 한편으로 "변화에 대한 충실한 설명"을 하지 못한다는 단점이 있다.[149] 그러나 사물 자체에 대한 이론이 아니라는 이유로 관계이론의 중요성이 사라지는 것은 아니다. 목공예 형이상학을 설명하는 데 적합하기 때문이다. 하먼은 "두 객체가 진솔한 관계에 들어서면, 비록 영원히 합쳐지는 것이 아니라고 해도 우리가 객체에서 요구하는 모든 특징을 가진 현실을 만들어낸다. 단순한 관계만으로 두 객체는 이전에 존재하지 않았던 무언가, 진정으로 하나인 것을 만들어낸다."고 말하면서, 이 새로운 무언가를 "실체"라고 명명한다.[150] 요소들을 소재로 목공예 형이상학이 만든 세계는 바로 이러한 실체가 가득한 곳이다.

목공예 형이상학을 좀 더 정립하기 위해서 네 가지 질문을 고려해야 한다고 하먼은 말한다. 첫째는 객체가 서로 어떻게 상호작용하는지, 두 번째는 하나의 객체가 그 자신의 특질과 자신의 부분인 작은 객체들과 어떻게 연결되어 있는지, 세 번째는 모든 객체가 물러나서 존재한다면 우리는 세상의 일들을 어떻게 알 수 있는지, 마지막으로 관계

---

149. 같은 곳.
150. 같은 책, p. 85.

들을 객체로 정의할 수 있다면 어째서 그런 관계로부터 기묘한 객체가 계속해서 나타나지 않는지 등이다.[151] 하먼의 책 뒷부분에 등장하는 요소들을 앞서 논의한 이유는 바로 이 질문들에 쉽게 답할 수 있기 때문이다. 객체들은 각자의 특질들인 요소들을 통해 상호작용하는데, 여기서 중요한 두 가지 사안은 요소들도 객체이기에 모든 관계는 "대리의 인과율"을 통해 이루어지고, 요소들을 통해 만들어진 하나의 감각적 객체는 요소들을 만들어낸 객체들보다 단순할 수밖에 없다는 것이다. 즉 "부분의 합은 항상 전체보다 크다. 전체는 항상 부분들의 과도한 단순화일 뿐이다."라는 점을 잊지 말아야 한다고 하먼은 강조한다.[152]

위의 네 질문 중에서 마지막 질문은 매개체가 왜 제멋대로 모여 기묘한 객체를 만들어내지 않는가를 묻는다. 하먼은 모든 관계가 "대리의 인과율"에 따른다는 점에서 일종의 방화벽firewalls이 설치되어 있기 때문이라고 설명한다.[153] 하지만 방화벽에 대한 하먼의 설명은 정반대의 질문을 낳는다. 매개체가 제멋대로 모이지 않는다고 하더라도, 애초

---

151. 같은 책, p. 90.
152. 같은 책, p. 94.
153. 같은 책, pp. 97~98.

에 왜 모이는가? 여기에 대한 하먼의 답은 바로 "매력"allure
이다. 그는 은유로 인해 사물과 그 사물이 가진 특성 사이
의 관계가 혼란스러워진다는 점을 지적한다. 이렇게 "사물
의 신실성sincerity 자체를 논쟁거리"로 만듦으로써, 은유는
아름다움과 매혹을 의미하는 "이끌림"charming, "귀염"cute을
포함한 "유머"humor를 유발시킨다. 그리고 "매력"은 이 모두
를 아우르는 말이다.154 예를 들어, 어떤 사물의 아름다움
이 그 "사물의 숨겨진 세계"를 보여주지 않는 것처럼, 또는
"허풍선이의 실수를 보고 웃는다고 우리가 그 사람의 본
질과 직접적인 관계를 맺는 것은 아닌" 것처럼, 매력은 개별
사물의 본질이 아니라 사물들의 특질 사이의 관계에서 생
기는 "미학적 문제"라고 할 수 있다.155 『게릴라 형이상학』
이 미학에 대한 책이 아니기에 다음 기회에 매력을 다루겠
다고 하면서도 하먼은 책의 후반부에 반복해서 이에 대해
논한다. 그만큼 매력은 중요한 것이다. "분리되어야 하지만
실제로는 지속적인 상호작용으로 연결되어 있는 존재의 두
축 사이의 관계를 보여"준다는 점에서 매력은 결국 "관계성
의 가장 단순한 작동," 즉 "대리의 인과율"을 가능하게 하

---

154. 같은 책, pp. 142~143.
155. 같은 책, pp. 143~144.

4장 사물과 포스트휴머니즘 : 하먼의 놀라움 **253**

는 것이기 때문이다.[156]

하지만 매력이 정말 중요한 이유는 사물의 특질들을 연결시켜 "또 다른 단계의 실재"를 지속적으로 만들어내면서 "대리의 인과율"이 평범하고 반복적으로 작동하지 않도록 만들기 때문이다.[157] 이러한 매력의 작동을 느끼는 이는 "지각의 놀라움"을 느끼고, 세상에 "일상적인 감각적 경험"의 "진부함"banality만 있다고 푸념하지 않을 것이다.[158] 이처럼 "매력은 이전까지 침묵하던 객체들을 공개적으로 위태로운 위치에 두고, 그것들이 주목해야 할 힘이라고 인정"하게 한다.[159] 물론 그렇다고 매력으로 인해 객체 자체에 가까워지는 것은 아니다. 대신 매력은 "저 너머에서 신호를 보내는 보이지 않는 객체들"이 있음을, 그리고 그 신호들이 우리의 감각적 세계를 구성하고 있음을 알린다.[160] 이 때문에 하먼은 매력이 "우주의 알파 요인"이자 "감각적 객체의 핵분열"이자 "모든 구체성의 원칙"이라고 선언하는 것이다.[161] 한

---

156. 같은 책, p. 148.
157. 같은 책, p. 179.
158. 같은 곳.
159. 같은 책, p. 245.
160. 같은 곳.
161. 같은 책, p. 246.

마디로, 매력은 사물의 놀라움으로 가는 길이다.

객체지향철학에서 포스트휴머니즘으로

하먼의 논지를 간략하게 정리해보자면, "세계의 요소들이 바로 감각적 객체들"이고, 요소들을 경험하는 것은 은유의 매력을 경험하는 것과 유사하다.[162] 두 개의 사물이 연결되어 있을 때, 그 사물을 각각 경험하는 것이 아니라 그 연결의 결과로 나오는 새로운 무언가를 경험하는 것이다. 이러한 "또 다른 단계의 실재"의 경험은 미학적이고, 그 경험을 하도록 만드는 것이 바로 매력이라고 하먼은 말한다.[163] 은유로밖에, 그렇기에 모호하게 설명될 수밖에 없음에도 불구하고 감각적 객체의 매력은 사물의 놀라운 잠재력과 역동성을 설명하기에 중요하다. 들뢰즈나 라투르처럼 관계에 집중해서 객체보다는 사건을 논의하는 이들에 대해, 하먼은 어떻게 "하나의 객체에 대해서 서로 다른 시각이 동시에 가능한지"와 어떻게 "변화"가 생기는지를 설명하지 못한다고 비판한다.[164]

---

162. 같은 책, p. 178.
163. 같은 책, p. 179.

반면 하먼에게 관계는 요소들이 모여 만든 객체다. 따라서 모든 객체는 요소들의 관계를 통해 감각적 객체로 드러나는 것보다 더 많은 관계의 가능성을 내포하고 있다. "결과적으로 생기는 세계의 기본적 모델은 단순하면서도 끝없이 다중적"이라고 하먼은 정리한다.[165] 물론 하먼에게 다중성은 객체 간의 관계나 객체 너머의 무언가로부터 나오는 것이 아니다. 만일 그렇다면 객체 밖의 어떤 시점을 전제해야만 하는데, 하먼은 "**그 누구도 그리고 그 무엇도 객체를 밖에서 보지 못한다.**"고 단언한다.[166] "객체는 단지 내부에서만 보이기 때문에, '초월'의 개념은 이전보다 더 터무니없는 것이 된다. 그렇기에 '하강'이 사실 더 적절한 용어"라고 밝히면서도, 하먼은 자신의 논의가 비논리적으로 다가올 수 있음을 감지하는 듯하다.[167] 그렇기에 그는 "이 모든 것은 너무도 낯설어 공상과학 소설처럼 들릴 것"이라고 고백한다.[168]

공상과학 소설처럼 들리는 은유적이고 터무니없어 보

---

164. 같은 책, p. 191.
165. 같은 책, p. 193.
166. 같은 책, p. 203.
167. 같은 곳.
168. 같은 곳.

이는 이야기, 하지만 이전의 그 어떤 이야기보다 더 사실에 가까운 이야기, 하면은 바로 그 이야기가 객체에서 나오고 있음을 알린다. 하면의 사변적 실재론이 객체지향철학으로 불리는 이유다. 그에게 사물은 고정되거나 특정한 법칙을 따르는 존재도 아니고, 누군가가 와서 알아봐 주고 써주기를 기다리는 존재도 아니다. 사물은 스스로 움직이고 스스로 관계를 맺을 가능성과 역동성이 가득한 "매력"적인 존재인 것이다. 그렇기에 하면은 "매력의 열쇠는 의식이 아니라 **진정성**이다. 돌멩이와 먼지는 인간이나 앵무새나 범고래만큼이나 진정하다."라는 말로 모든 사물을 진지하게 다룬다.[169] 이에 관해서 하면은 자신의 작업을 아래와 같이 정리한다.

우리는 게릴라 형이상학 혹은 객체지향철학이 사물 내부의 용암 같은 역동성에서 그 유일한 주제를 찾는다고 결론 짓는다. 지금까지 우리는 두 문제를 풀어내고자 했다. 그것은 객체 자체의 현실, 그리고 떨어진 객체 간의 관계의 가능성이다. 그리고 이 두 문제는 사물의 진정한 내부인 그

169. 같은 책, p. 220.

도가니, 용광로, 연금술사의 실험실에 대해 우리가 고민할 때만 분명해진다. 사물의 실재는 그것의 내부의 실재이고, 그 내부는 요소의 카니발 혹은 만화경 외에 그 무엇도 아니며, 개별 사물들 간의 관계들은 바로 이 들끓는 서커스와 같은 내부 안에서만 가능하다. 이 관계들은 사물의 요소들과 접촉하는 매력에 의해서 대리적으로 발생하고, 사물이 접근 불가능한 영역으로 물러남에도 그 사물 전체를 작동시킨다.[170]

도가니, 용광로, 서커스 등 변화무쌍한 존재인 사물들, 그리고 그 사물들이 소진되지 않으면서 서로 연결되어 만들어내는 실재가 하먼이 이야기하고자 하는 세계다. 들여다보면 볼수록 더 매력적이고 더 놀랄 수밖에 없는 사물의 세계를 우리에게 알리는 것이다.

사물이 주는 놀라움을 있는 그대로, 즉 과학적이고 논리적인 틀에 맞춰 "아래로 환원"하거나 사물 이상의 초월적인 무언가를 통해 "위로 환원"하지 않으면서, 사물 그 자체에서 발생하는 것으로 보여주려는 시도가 하먼의 객체지향

170. 같은 책, p. 232.

철학이다. 동시에 하먼은 사물 간의 촘촘하고 복잡한 네트워크에서 그 놀라움을 찾기보다는 각각의 사물 내부에 그러한 힘이 있음을 밝히고자 한다. 하지만 하먼의 진정한 목표는 그 놀라움을 어떠한 설명으로도 소진시키지 않는 것, 사물을 영원히 보호하고자 하는 것이다. 그렇기에 그에게 사물은 항상 보이는 세계에서 물러나 접근 불가능한 존재로 남아있게 된다. 그가 처한 모순은 바로 이 상황에서 발생한다. 사물의 잠재적 역동성을 보여주려고 하면서도, 그것을 볼 수 없다는 점을 확인하려고 하는 것이다. 어쩌면 추상적이고 "은유"적이고, 심지어는 "공상과학 소설"처럼 들리는 그의 논의는 그러한 모순으로 생긴 불가피한 결과인지도 모른다. 당연하게도 그러한 방식은 너무도 인간적인 색채를 가질 수밖에 없고, 그 결과 하먼의 철학에 대한 오해를 낳는다.

예를 들어, 토마스 렘케Thomas Lemke는 하먼이 기존의 방식으로 사물을 설명하기를 거부한다는 점에서 물질주의를 반대하는 일종의 "비물질주의"immaterialism 즉 "물질 없는 형식주의"를 전개한다고 지적한다.[171] 그렇기에 하먼이

---

171. Thomas Lemke, "Materialism without Matter," *Distinktion* 18.2 (2017), p. 141.

"객체의 환원불가능한 낯섦과 놀라운 기묘함을 상상하는"
일에만 집중하고, 궁극적으로 그의 철학은 "인간의 주관주
의"이기에 "환경재난뿐만 아니라 실제로 객체 간의 어떤 형
태의 비균형적인 '소통'에 대해서도 설명하지 못할" 뿐만 아
니라 인간과 비인간의 불균형을 만드는 인간중심주의와
인간 간의 불균형인 남성중심주의에서 벗어나지 못한다고
비판한다.[172] 그러면서 그는 이 문제를 풀기 위해서 객체지
향철학에 필요한 것은 "비균형적으로 파괴적이고 억압적인
인간의 힘을 고려하는 포스트휴머니스트적인 시각"이라고
제안한다.[173]

렘케가 하먼의 철학이 인간중심주의, 심지어는 남성중
심주의에서 완전히 벗어나지 못한다고 비판한다면, 반대로
벤자민 보이센Benjamin Boysen은 지나치게 비인간적이라는 입
장을 보인다. 하먼의 객체지향철학을 포함한 신사물론이
일종의 "세미오포비아," 즉 "인간의 실재가 기호적이라는 아
이디어에 대한 불편함과 불쾌함"에서 기인한 "물질주의적
반인본주의를 구성한다"고 보이센은 지적한다.[174] 언어에

---

172. 같은 글, pp. 144, 147.
173. 같은 글, p. 147.
174. Benjamin Boysen, "The Embarrassment of Being Human," *Orbis Lit-*

대한 반감은 결국 "인간 주체의 절대적 부재로부터 사물이 등장한다"는 입장으로 이어지고, 이는 현실에서 인간이 책임을 회피하고 행동하지 않는 논리를 제공한다고 비판한다.[175] 하지만 보이센의 비판을 뒤집어 생각해볼 수도 있다. "반인본주의"이기에 인간의 책임을 경감시키는 것이 아니라, 지금껏 우월하다는 미명 아래 인간이 다른 존재들에게 행했던 일들이 결코 정당하지 않았음을 인정하는 계기가 되는 것이다. 언어의 중요성을 인정했던 이들이 과연 그 언어 덕분에 인간의 책임을 더 잘 인정해온 것은 아니다.

현존재가 하이데거 철학의 중심이 아니라는 하먼의 독해를 오독이라고 비난하며 객체지향철학에 대해 매우 신랄한 비판을 가하는 피터 울펜데일Peter Wolfendale도 비슷한 맥락에서 생각해볼 수 있다.[176] 이에 대해 수메에 파릴다르 Sümeyye Parildar는 "사물의 실재성을 진단하려는 형이상학

---

teraum 73 (2018), p. 225.

175. 같은 글, p. 238.

176. 울펜데일은 『객체지향철학』에서 매우 신랄한 ─ 비난조에 가까운 ─ 비판을 시도하고, 하먼은 자신의 책 『분쟁들』(*Skirmishes*)에서 그의 비판을 반박한다. 하먼의 기본 입장은 울펜데일의 주장이 대부분 "월등한 합리성을 가장한 것"(pretense of superior rationality)으로 자신과 다른 상대의 생각을 "터무니없는 실수"인 것처럼 이야기하는 것이며, 따라서 지적으로 논의할 가치가 없다는 것이다. Graham Harman, *Skirmishes* (Punctum Books, 2020), pp. 196, 210.

적 시스템"을 위해서는 "철학적 시스템의 중심에 인간 혹은 의식이 있거나 지식이 있는 대상"이 있어야 한다고 주장하는 올펜데일을 언급하고, "하먼은 정반대"라고 지적한다.[177] 특히 파릴다르는 "매력에 대한 하먼의 논의가 두 가지 이유에서 관심 가질 만하다"고 말하면서, 매력이 "어떻게 객체의 중심부가 드러날 수 있는지"를 알게 해준다는 점을 첫 번째 이유로 든다.[178] 두 번째로는 하먼이 인간에 국한해서 매력을 설명하지 않기에, "그의 존재론이 다른 인간중심적 방식에서 철저히 떨어져 있다는 점을 이해하게 해"주기 때문이라고 설명한다.[179] 파릴다르와 마찬가지로 제인 베넷은 하먼과 그에게서 영향을 받아 객체지향 철학을 전개하는 모턴의 "표적이 인간의 자만심"이라고 판단한다.[180] 즉, 베넷은 두 사람의 "입장 이면에는 윤리적 기동력"이 있다고 지적하며, OOO는 "인간 이성의 자만을 막고 … '진리에 대한 의지'를 비난하고자 하는 자아의 테크닉"

177. Sümeyye Parildar, "All for a Realist Defense of Metaphysics," *Insan & Toplum* (2019), p. 9.

178. 같은 글, p. 6.

179. 같은 곳.

180. Jane Bennett, "Systems and Things," *New Literary History* 43.2 (2012), p. 230.

이라고 말한다.[181]

이처럼 상반된 평가 중에서 누구의 말이 맞는지 가늠하기는 힘들다. 물론 하먼 본인은 인간중심주의라는 평가를 강력히 거부한다. 동시에 하먼은 자신이 너무도 "반인본주의"적이라서, 즉 인간이라는 존재의 특수성을 부정하기에, 인간의 책임의 역사를 회피하거나 혹은 "사회의 존재론을 그리기에는 엄격함과 상상의 잠재력이 부족하다."는 비판에도 반박한다.[182] 루시 킴벨Lucy Kimbell과의 인터뷰에서 하먼은 정치적인 의식이 부족하지 않으냐는 질문을 받자 "지식인들이 너무 공격적으로 정치적이 되었습니다."라고 지적하면서, "세상 어딘가에서 여전히 착취가 자행되는 한 아름다움이나 매혹을 찾는 일이 비도덕적"이라고 하는 태도에 동의하지 않음을 밝힌다.[183] 그러면서 하먼은 철학자가 할 일은 "세상을 구하는 것"이 아니라 "탐구하는 것"이라고 말한다.[184] "매혹을 찾는 일," 특히 인간중심주의에 의해 소외

---

181. 같은 곳.

182. Norah Campbell, Stephen Dunne and Paul Ennis, "Graham Harman, *Immaterialism*," *Theory, Culture & Society* 36.3 (2019), p. 122.

183. Lucy Kimbell, "The Object Strikes Back," *Design and Culture* 5.1 (2013), p. 111.

184. 같은 곳.

되거나 오용되던 비인간 존재들의 놀라움을 되찾는 시도가 비도덕적이지는 않을 것이다. 더 나아가 그런 시도를 비정치적이라고 할 수 있는지도 의문이다. 하먼과 결이 다르지만 비인간 존재의 행위성에 집중하는 라투르의 "사물들의 의회"나 하먼과 같이 객체지향철학을 지향하는 레비 브라이언트의 "객체들의 민주주의" 논의를 떠올려보면 그렇지 않다. 하지만 철학자의 임무가 "탐구하는 것"이라는 하먼의 말에는 동의하기가 힘들다. 사물의 놀라움을 "탐구"하는 일과 사물의 "세상을 구하는 일"을 더 이상 분리하지 말아야 하는 때가 왔기 때문이다. 렘케가 제안하듯이, "포스트휴머니스트적인 시각"을 통해 그 둘을 함께 해나가야만 하는 시간이 당도한 것이다.

5장 나가며 :
포스트휴머니즘의 지시

"무언가를 본다는 것은 그것이 존재하기 위해 무엇이 필요한지를 보는 것입니다. 나무를 본다면, 나는 또한 나무가 땅과 햇빛이 필요하다는 것을 보는 것입니다."[1] 하먼의 스승이자 그의 객체지향존재론에 지대한 영향을 준 알폰소 링기스가 어느 인터뷰에서 한 말이다. 링기스는 비인간 존재들이 지시directives를 하고, 우리는 이 지시를 따름으로써 무언가를 느끼고 생각하고 수행할 수 있다고 말한다. 한마디로 지시를 따르는 일은 비인간 존재와 함께 삶을 살아가는 방식인 것이다. 레비나스의 저작을 직접 번역하고 미국에 소개했던 사람이기에, 링기스의 생각에는 레비나스 철학의 흔적이 확연하다. '나'보다는 타자가 우선하고, 따라서 그 타자에 반응하며 관계를 맺을 책임이 '나'에게 있을 뿐만 아니라 그 관계 때문에 '나'가 가능해진다고 레비나스는 말했다. 그렇기에 그는 존재에 대한 지식을 추구하는 형이상학이나 인식론보다 존재와의 관계를 고민하는 윤리학이 '제1철학'이 되어야 한다고 제안했다.

잘 알려져 있다시피, 레비나스의 제안은 이른바 관계의 윤리학으로 이어지며 현대철학, 페미니즘, 소수자 이론뿐만

---

1. Jonas Skačkauskas, "Interview with Alphonso Lingis," *Itinerant Philosophy on Alphonso Lingis* (Brooklyn, Punctum Books, 2014), p. 159.

아니라 동물 및 환경문제에 관한 연구에도 지대한 영향을 주었다. 물론 포스트휴머니즘도 예외가 아니다. 하지만 개별자 너머의 거대한 타자the Other를 강조했던 레비나스와 달리, 링기스는 각각의 개별자에 좀 더 집중한다. 보편적인 관계론이나 윤리관을 지향하지 않는 것이다. 그래서인지 링기스의 글은 인류학자나 여행가의 기록처럼 자신이 직접 경험한 것들을 세세하게 복기한 내용이 많다. 각각의 경험에서 어떤 지시가 있었는지를 고민하는 글들을 모았기에, 그의 책은 대부분 모음집 형식을 갖는다. 그의 목표는 비인간 존재 각각의 지시에 끊임없이 그리고 신실하게 반응하는 일이지, 그 지시들의 공통점을 찾아 보편화하거나 혹은 지시들을 통해 세계 전체에 대한 개념을 확정하는 일이 아니기 때문이다.

링기스의 목표를 유념하며 처음에 인용한 말을 다시 복기해보자. 우선 지시의 폭이 눈에 들어온다. 나무의 지시가 우리에게 직접적으로 전해지는 경우가 있지만, 거기에서 멈추면 안 된다고 말한다. 그렇게 지시하는 나무를 인정하는 순간은 바로 나무가 있기 위해 필요한 것들에게서 지시를 전달받는 순간이기도 하다. 모든 것이 연결되어 있다는 생태적 이해가 요구되는 듯이 보이는 순간이다. 하지만 여기서 나무는 나무 전반이 아니라 바로 눈앞에 있는 혹은 간접적인 방식으로라도 눈길이 가는 특정한 나무다. 집안의 나무는 적당한 물과 적당한 햇볕을 필요로 하고, 그렇게 키우다 보면 더 큰 화분을 요구한다. 한편 미국 네바다주에는 오천여 년을 산, 세상에서 가장 오래된 나무로 알려진 '그레이트 베이슨 브릴스콘 소나무'가 있다. 보호를 위해 정확한 위치도 알려져 있지 않아 사진으로만 접할 수 있는 나무에게 필요한 것은 무관심이다. 오천 년 가까이 물과 햇볕을 알아서 찾아왔던 나무는 인간에게 제발 멀리 떨어져 있으라고 지시한다.

　이렇듯 사물의 지시는 매번 다르고, 지시를 받는 사람에 따라서도 다르다. 경우에 따라서는 혼란스럽고 모순되고 대립적인 상황을 일으킬 수도 있다. 아마도 하먼은 이 복잡하고 분열된 상황들이 "실재"를 이룬다고 진단할 것이다. 마찬가지로 개별자를 무시한 "동물"이라는 포괄적 이름을 개탄했던 데리다와 함께 울프도 인간과 동물의 관계가 그처럼 복잡하다고 말할 것이다. 또한 빛과 같은 정보에도 물질이 따른다고 역설하는 헤일스에게 "몸의 아우성"은 언제나 알아듣지 못할 소음을 담고 있을 것이다. 그리고 링기스는 그토록 혼란스러운 실재에서, 동물에서, 몸에서 절실히 따라야만 하는 지시를 마주할 것임을 확인해준다. 우리의 감각과 감정을 열어두기만 한다면 말이다.

헤일스의 몸부림은 급속도로 발전하는 디지털 테크놀로지 환경과 그 안에서 살아가는 이들의 지시를 따른다. 테크놀로지는 여전히 물질적인 기반을 필요로 하고 있고, 사람들은 그 테크놀로지로 인한 물질적 변화를 계속적으로 경험하고 있다. "계산적 우주"라고 할 수 있는 그 환경에서 물질적 지시를 무시하거나 극복하는 것이 목표라고 하는 이들이 있지만, 헤일스에게 그 목표는 위험한 환상이다. 지시를 따르며 살아가려고 하는 포스트휴먼들의 터전을 빼앗을 수 있기 때문이다. 울프의 상실감은 실제로 존재하거나 흔적으로 남아있는 비인간 동물들의 지시에 대한 반응이다. 이들은 인간이라는 개념부터 인간의 활동과 성과까지, 그 모든 것이 단 한 번도 인간만으로 이루어진 적이 없었음을 상기시킨다. 우연적으로든 아니면 의도적으로든 이 점을 간과한다면 결국 인간은 또 다른 활동과 성과의 가능성, 즉 "닫힘에서 열림"으로 이어질 고리를 잃고 말 것이다. 하먼의 놀라움은 세상 가득한 사물의 예기치 않은 지시에 따르는 순간 발생한다. 사물들은 알려진 쓰임새보다 더 쓸모 있고, 보이는 움직임보다 더 역동적이다. 인간이 알거나 보지 못해도 그러하고, 무엇보다도 인간도 그러한 사물의 하나다. 그래서 하먼의 "도구존재"는 인간을 포함한 사물 모두가 놀라운 존재임을 알리는 말이다.

그렇게 지시를 따르며 세 사람은 나름의 개념을 만들었고, 나는 그들을 포스트휴머니즘이라는 이름으로 한데 모았다. 하지만 링기스는 개념이란 특정한 지시에 집중한 결과물일 뿐이라고 말한다. 그러면서 다음과 같이 덧붙인다.

> 엄격하고 명료한 개념들로 사물을 붙잡아두려고 하는 순간 우리는 바로 그 개념들이 그들이 지칭하는 사물의 표상이 아닌 다른 표상을 만들고 있음을 깨닫게 된다. 개념의 수정체에 반사된 인유, 애매한 표현, 환기, 회피, 암시 등은 굴절되고, 그 수정체를 깎아낸 정신을 현혹시킨다.[2]

개념은 사물을 포섭하고 지시를 담아내는 결정체가 아니라, 마치 들뢰즈가 철학에 대해 이야기했듯이, 새롭게 사물을 보게 하고 알지 못했던 지시로 이어지게 하는 전도체와 같은 것이다. 그렇게 옮겨가다 보면 개념은 자연스럽게 바뀌거나 버려진다. 링기스의 말을 빌리자면, "단계"가 변하면

2. Alphonso Lingis, *The Imperative* (Bloomington, Indiana University Press, 1998), p. 100.

지시도 새로워지고, 결국 개념도 달라지게 된다.[3]

세 사람의 개념들을 한데 모은 포스트휴머니즘은 어떤 모습일까? 사실 잘 모르겠다. 각각의 개념이 너무도 복잡하기에 모아놓고 하나로 정리할 수 있을지 의문이다. 하지만 링기스가 나무에 대해 한 말을 빌려 답을 찾아본다. '포스트휴머니즘을 본다는 것은, 결국 포스트휴머니즘에게 무엇이 필요한지를 보는 것이다.'라고 고쳐본다. 지금 현 "단계"에서 어떤 지시를 하고 있는지 고민해야 하는 것이다. 분명 현 단계는 절실한 지시를 내리고 있다. 인류세든 자본세Capitalocene든 아니면 툴루세Chthulucene든, 그 어떤 이름으로 지금 단계를 부르든 상관없이, 많은 이들이 그 절실함을 느끼는 것은 분명해 보인다. 그리고 절실함은 국경을 넘어서, 이념을 넘어서, 계급을 넘어서, 인종을 넘어서 공조하라고 지시한다. 하지만 정치적인 목적 혹은 다른 목적으로 모인

---

3. 같은 책, pp. 25~38. 링기스는 "단계는 순수하게 지성에 의한 질서도 아니고, 순전히 선험적 직관에 주어진 실제적 형식도 아니다. 그것은 감각적 현상이다."라고 설명한다(같은 책, 27). 즉 단계는 미리 조성된 것이 아니며, 같은 시간과 장소에 모인 감각들이 특정한 경험을 가능하게 하면서 생긴다. 예를 들어 어떤 음악을 경험한다는 것은, 그 순간 연주되는 악기와 배경소음이 한데 어우러져 나타나는 현상이다. 미리 음악을 알고, 연주자를 알고, 장소를 안다고 해도 그 순간의 특정한 경험은 그러한 지식으로 설명될 수 없다.

사람들이 지시하는 것이라고 착각해서는 안 된다. 지시는 포스트휴먼과 동물과 사물에서 나오고, 사람들은 그에 반응하는 것이다. 헤일스, 울프, 하먼이 중요한 이유는 몸부림, 상실감, 놀라움으로 반응하기 때문이다. 인간중심주의적인 착각에 빠져 섣부른 개념을 다시 포스트휴먼과 동물과 사물에 투사하지 말라고 알리는 것이다.

포스트휴머니즘이란 인간중심주의를 경계하며 지금 단계의 인간과 비인간 존재들이 내리는 가장 절실한 지시를 따르는 것이라고 제안해본다. 개념이라고 하기에는 너무도 단순하지만, 지시의 다양함과 복잡함을 생각한다면 실천하기는 쉽지 않을 듯싶다. 내 생각에 지금 단계에서 가장 절실한 지시는 공조이고, 그렇기에 헤일스·울프·하먼이라는 세 흐름을 한데 엮고자 하였다. 물론 여기서 멈춰서는 안 된다는 전제도 담고 있다. 지금 이 단계가 얼마나 오래 갈지는 모르겠다. 물론 인간중심주의가 지배했던 이전 단계가 길었던 만큼, 금방 끝나지는 않을 것이다. 하지만 언젠가는 다음 단계가 올 것이고, 사람과 사물은 서로에게 다른 지시를 내리고 따르게 될 것이다. 그때까지는 함께 흘러야만 한다. 더 정확히 말하면, 함께 흐르지 않는다면 그때는 오지 않을 것이다.

:: 참고문헌

보이드, 데이비드, 『자연의 권리 : 세계의 운명이 걸린 법률 혁명』, 이지원 옮김, 교유서가, 2017.

블록, 아네르스·토르벤 엘고르 옌센, 『처음 읽는 브뤼노 라투르』, 황장진 옮김, 사월의 책, 2011.

이동신, 「티머시 모턴」, 『21세기 사상의 최전선』, 김환석 외, 이성과감성, 2020.

Amoore, Louise and Volha Piotukh, Interview with N. Katherine Hayles, *Theory, Culture & Society* 36.2 (2019) : 145~55.

Arluke, Arnold, "A Sociology of Sociological Animal Studies," *Society & Animals* 10.4 (2002) : 369~74.

Arnould-Bloomfield, Elisabeth, "Posthuman Compassions," *PMLA* 130.5 (2015) : 1467~75.

Beer, Stafford, Preface, *Autopoiesis and Cognition : The Realization of the Living*, Humberto R. Maturana and Francisco J. Varela (Boston, D. Reidel Publishing Company, 1980). [움베르토 마뚜라나·프란시스코 바렐라, 『자기생성과 인지』, 정현주 옮김, 갈무리, 근간.]

Barad, Karen, *Meeting the Universe Halfway : Quantum Physics and the Entanglement of Matter and Meaning* (Durham, Duke UP, 2007).

Barrett, Estelle and Barbara Bolt, Introduction, *Carnal Knowledge : Towards a 'New Materialism' through the Arts*, edited by Estelle Barrett and Barbara Bolt (London, I. B. Tauris, 2013).

Bennett, Jane, "Systems and Things : A Response to Graham Harman and Timothy Morton," *New Literary History* 43.2 (2012) : 225~33.

Boysen, Benjamin, "The Embarrassment of Being Human : A Critique of New Materialism and Object-Oriented Ontology," *Orbis Litteraum* 73

(2018) : 225~42.

Bratton, Benjamin, "How Philosophy Failed the Pandemic, Or : When Did Agamben Become Alex Jones?" *Library Hub*, August 2, 2021, 〈https://lithub.com/how-philosophy-failed-the-pandemic-or-when-did-agamben-become-alex-jones/〉.

Bryant, Clifton D., "The Zoological Connection : Animal-Related Human Behavior," *Social Forces* 58.2 (1979) : 399~421.

Broglio, Ron, "After Animality, before the Law : Interview with Cary Wolfe," *Angelaki* 18.1 (2013) : 181~89.

Butler, Judith, *Bodies That Matter : On the Discursive Limits of Sex* (London, Routledge, 2011). [주디스 버틀러, 『의미를 체현하는 육체』, 김윤상 옮김, 인간사랑, 2003.]

Campbell, Norah, Stephen Dunne and Paul Ennis, "Graham Harman, Immaterialism : Objects and Society," *Theory, Culture & Society* 36.3 (2019) : 121~37.

Cecchetto, David, *Humanesis : Sound and Technological Posthumanism* (Minneapolis, University of Minnesota Press, 2013).

Chakrabarty, Dipesh, *The Climate of History in a Planetary Age* (Chicago, University of Chicago Press, 2021).

Cheah, Pheng, "Non-Dialectical Materialism," edited by Diana Coole and Samantha Frost, *New Materialisms : Ontology, Agency, and Politics* (Durham, Duke University Press, 2010).

Chiew, Florence, "Posthuman Ethics with Cary Wolfe and Karen Barad : Animal Compassion as Trans-Species Entanglement," *Theory, Culture & Society* 31.4 (2014) : 51~69.

Cohen, Robert S. and Marx W. Wartofsky, Editorial Preface, *Autopoiesis and Cognition : The Realization of the Living*, Humberto R. Maturana and Francisco J. Varela (Boston, D. Reidel Publishing Company, 1980). [움베르토 마뚜라나 · 프란시스코 바렐라, 『자기생성과 인지』, 정현주 옮김, 갈무리, 근간.]

Coole, Diana and Samantha Frost, Introduction, *New Materialisms : Ontology, Agency, and Politics*, edited by Diana Coole and Samantha Frost (Durham,

Duke University Press, 2010).

Dick, Kirby and Amy Ziering Kofman, *Derrida* (Manchester, Manchester University Press, 2005).

Doughty, Del, "Materiality is the Message," Review of *Writing Machines* by N. Katherine Hayles, *Postmodern Culture* (2003), Web.

Doherty, Melanie, "Oil and Dust : Theorizing Reza Negarestani's *Cyclopedia*." *Oil Culture*, edited by Ross Barrett and Daniel Worden (Minneapolis, University of Minnesota Press, 2014).

Ellis, Erle C., *Anthropocene : A Very Short Introduction* (Oxford, Oxford University Press, 2018). [얼 C. 엘리스, 『인류세』, 김용진·박범순 옮김, 교유서가, 2021.]

Feder, Helena, "Changing Nature : Stacy Alaimo and Cary Wolfe at ASLE," *Interdisciplinary Studies in Literature and Environment* 21.4 (2014) : 873~93.

Gane, Nicholas and David Beer, *New Media : The Key Concepts* (Oxford, Berg, 2008).

Gitelman, Lisa, " 'Materiality Has Always Been in Play' : An Interview with N. Katherine Hayles," *Iowa Journal of Cultural Studies* 2.1 (2002) : 7~12.

Godfrey-Smith, Peter, *Other Minds : The Octopus, the Sea, and the Deep Origins of Consciousness* (New York, Farrar, Straus and Giroux, 2016), e-book. [피터 고프리스미스, 『아더 마인즈 : 문어, 바다, 그리고 의식의 기원』, 김수빈 옮김, 이김, 2019.]

Harman, Graham, *Guerrilla Metaphysics : Phenomenology and the Carpentry of Things* (Chicago, Open Court, 2005).

_____, *The Quadruple Object*, (Winchester, Zero Books, 2011). [그레이엄 하먼, 『쿼드러플 오브젝트』, 주대중 옮김, 현실문화, 2019.]

_____, *Skirmishes : With Friends, Enemies, and Neutrals* (Punctum Books, 2020). [그레이엄 하먼, 『OOO 교전』, 안호성 옮김, 갈무리, 근간.]

_____, *Speculative Realism : An Introduction* (Polity, Cambridge, 2018). [그레이엄 하먼, 『사변적 실재론 입문』, 김효진 옮김, 갈무리, 근간.]

_____, *Tool Being : Heidegger and the Metaphysics of Objects* (Chicago, Open

Court, 2002).

Hawking, Stephen, *The Theory of Everything : The Origin and Fate of the Universe* (Beverly Hills, Phoenix Books, 2005). [스티븐 호킹, 『청소년을 위한 시간의 역사』, 전대호 옮김, 웅진지식하우스, 2009.]

———, *A Brief History of Time : From the Bing Bang to Black Hole* (London, Transworld Publishers, 2011), e-book. [스티븐 호킹, 『그림으로 보는 시간의 역사』, 김동광 옮김, 까치, 2021.]

Haraway, Donna J., *When Species Meet* (Minneapolis, University of Minnesota Press, 2008). [도나 해러웨이, 『종과 종이 만날 때』, 최유미 옮김, 갈무리, 2022.]

Hassan, Ihab, "Prometheus as Performer : Toward a Posthumanist Culture?" *The Georgia Review* 31.4 (1977) : 830~50.

Hayles, N. Katherine, *How We Became Posthuman : Virtual Bodies in Cybernetics, Literature, Informatics* (Chicago, University of Chicago Press, 1999). [캐서린 헤일스, 『우리는 어떻게 포스트휴먼이 되었는가』, 허진 옮김, 플래닛, 2013.]

———, *How We Think* (Chicago, University of Chicago Press, 2012).

———, *My Mother Was a Computer : Digital Subjects and Literary Texts* (Chicago, University of Chicago Press, 2005). [N. 캐서린 헤일스, 『나의 어머니는 컴퓨터였다』, 송은주·이경란 옮김, 아카넷, 2016.]

———, *Unthought : The Power of the Cognitive Nonconscious* (Chicago, University of Chicago Press, 2017).

———, *Writing Machines* (Cambridge, MIT Press, 2002).

Hayles, N. Katherine and et al, "Theory of a Different Order : A Conversation with Katherine Hayles and Niklas Luhmann," *Cultural Critique* 31 (1995) : 7~36.

Horner, Avril and Angela Keane, *Body Matters : Feminism, Textuality, Corporeality* (Manchester, Manchester University Press, 2000).

Jameson, Fredric, *Archaeologies of the Future : The Desire called Utopia and Other Science Fictions* (London, Verso, 2005).

Kimbell, Lucy, "The Object Strikes Back : An Interview with Graham Harman," *Design and Culture* 5.1 (2013) : 103~17.

Kroker, Arthur, *Body Drift : Butler, Hayles, Haraway* (Minneapolis, University of Minnesota Press, 2012).

LaBare, Joshua (Sha), Review of Cary Wolfe's *What Is Posthumanism?*, *Science Fiction Film and Television* 4.1 (2011) : 136~40.

Latour, Bruno, *Reassembling the Social : An Introduction to Actor-Network-Theory* (Oxford, Oxford University Press, 2005).

Lemke, Thomas, "Materialism without Matter : the Recurrence of Subjectivism in Object-Oriented Ontology," *Distinktion : Journal of Social Theory* 18.2 (2017) : 133~52.

Lettvin, J. Y. et al, "What the Frog's Eye Tells the Frog's Brain," *Proceedings of the IRE*, 47.11 (1959) : 1940~51.

Lingis, Alphonso, *The Imperative* (Bloomington, Indiana University Press, 1998).

Lundblad, Michael, "The Animal Question," Review of *Animal Rites : American Culture, the Discourse of Species, and Posthumanist Theory* by Cary Wolfe; *Zoontologies : The Question of the Animal* by Cary Wolfe, *American Quarterly* 56.4 (2004) : 1125~34.

Lustig, T. J., Review of *Animal Rites : American Culture, the Discourse of Species, and Posthumanist Theory*, *The Modern Language Review* 100.3 (2005) : 755.

Mackay, Robin, "A Brief History of Geotrauma," *Leper Creativity : Cyclonopedia Symposium*, edited by Edward Keller, Nicola Masciandaro, and Eugene Thacker (Punctum Books, 2012).

McHugh, Susan, *Animal Stories : Narrating Across Species Lines* (Minneapolis, University of Minnesota Press, 2011).

Meillassoux, Quentin, *After Finitude : An Essay on the Necessity of Contingency*, translated by Ray Brassier (London, Bloomsbury, 2009). [퀭탱 메이야수, 『유한성 이후』, 도서출판b, 정지은 옮김, 2010.]

_____, *Science Fiction and Extro-Science Fiction*, translated by Alyosha Edlebi (Minneapolis, Univocal Publishing, 2015). [퀭탱 메이야수, 『형이상학과 과학 밖 소설』, 엄태연 옮김, 이학사, 2017.]

Mitchell, W. J. T., "The Rights of Things," Preface, *Animal Rites* by Cary Wolfe (Chicago, University of Chicago Press, 2003).

Moravec, Hans, *Robot: Mere Machines to Transcendent Mind* (Oxford, Oxford University Press, 1999).

Morton, Timothy, *Ecology without Nature: Rethinking Environmental Aesthetics* (Cambridge, Harvard University Press, 2007).

Mudde, Anna, "Being (with) Objects," *Continental Realism and Its Discontents*, edited by Marie-eve Morin (Edinburgh, Edinburgh University Press, 2017).

Negarestani, Reza, *Cyclonopedia: Complicity with Anonymous Materials* (Melbourne, re.press, 2008). [레자 네가레스타니, 『사이클로노피디아: 작자미상의 자료들을 엮음』, 윤원화 옮김, 미디어버스, 2021.]

Parildar, Sümeyye, "All for a Realist Defense of Metaphysics: Graham Harman vs. Peter Wolfendale," *Insan & Toplum: The Journal of Humanity and Society* (2019): 1~13.

Peggs, Kay, *Animals and Sociology* (New York, Palgrave Macmillan, 2012).

Penrose, Roger, "Mind over Matter: Stephen Hawking — Obituary by Roger Penrose," *The Guardian*, March 14, 2018.

Pickering, Andrew, Review of *How We Became Posthuman* by N. Katherine Hayles, *Technology and Culture* 41. 2 (2000): 392~95.

Piper, Arthur, "How We Became Posthuman: Ten Years on," An Interview with N. Katherine Hayles, *Paragraph* 33.3 (2010): 318~30.

Pötzsch, Holger, "Posthumanism, Technogenesis, and Digital Technologies: A Conversation with N. Katherine Hayles," *The Fiberculture Journal* 23 (2014): 95~107.

Quick, Tom, Review of *What is Posthumanism?* by Cary Wolfe, *History of Human Sciences* 25.3 (2012): 160~63.

Skačkauskas, Jonas, "Interview with Alphonso Lingis," *Itinerant Philosophy: On*

Alphonso Lingis, edited by Bobby George & Tom Sparrow (Brooklyn, Punctum Books, 2014).

K. Schnell, Alexandra et al, "How Intelligent Is a Cephalopod? Lessons from Comparative Cognition," *Biological Review* 96 (2021) : 162~78.

Soja, Edward W., *Thirdspace : Journey to Los Angeles and Other Real-and-Imagined Places* (Cambridge, Blackwell, 1996).

Stone, Allucquère Rosanne, *The War of Desire and Technology at the Close of The Mechanical Age* (Cambridge, MIT Press, 1996).

Taylor, Victor E., "Jean-François Lyotard, the Radical Imagination, and the Aesthetics of the Differend," *Imagination and Art : Explorations in Contemporary Theory*, edited by Keith Moser and Ananta Ch. Skula Leiden (Brill, 2020).

Varela, Francisco G. and Wayne Wiitanen, "The Optics of the Compound Eye of the Honeybee (Apis mellifera)," *The Journal of General Psychology* 55.3 (1970) : 336~58.

Vint, Sherryl, "The Animal Is Us," Review of *Animal Rites* by Cary Wolfe, *Science Fiction Studies* 31 (2004) : 163~67.

_____, "Embodied Texts, Embodied Subjects : An Overview of N. Katherine Hayles," *Science Fiction Film and Television* 1.1 (2008) : 115~26.

Wiener, Norbert, *Cybernetics or Control and Communication in the Animal and the Machine* (Cambridge, MIT Press, 1948, 1961).

_____, *The Human Use of Human Beings : Cybernetics and Society* (Boston, De Capo Press, 1950, 1954).

Wolfe, Cary, *Animal Rites : American Culture, the Discourse of Species and Posthuman Theory* (Chicago, University of Chicago Press, 2003).

_____, *Before the Law : Humans and Other Animals in a Biopolitical Frame* (Chicago, University of Chicago Press, 2012).

_____, "Human, All Too Human : 'Animal Studies' and the Humanities," *PMLA* 124.2 (2009) : 564~75.

_____, *What Is Posthumanism?* (Minneapolis, University of Minnesota Press,

2010).

Wolfendale, Peter, *Object-Oriented Philosophy: The Noumenon's New Clothes* (Windsor Quarry, Urbanomic, 2014).

Woodward, Ashley, *Nihilism in Postmodernity: Lyotard, Baudrillard, Vattimo* (Aurora, Colorado, Davies Group, 2009).

Yamashita, Karen Tei, *Through the Arc of the Rain Forest* (Minneapolis, Coffee House Press, 1990).

Zalloua, Zahi, *Being Posthuman: Ontologies of the Future* (London, Bloomsbury, 2021).

:: 인명 찾아보기